VIOLÊNCIA E MESSIANISMO

CONTRACORRENTE

Petar Bojanić

VIOLÊNCIA E MESSIANISMO

Coleção Constitucionalismo Contemporâneo

Tradução de Gabriel Rezende

SÃO PAULO

2024

CONTRACORRENTE

Alameda Itu, 852 | 1º andar |
CEP 01421 002
www.editoracontracorrente.com.br
contato@editoracontracorrente.com.br

EDITORES
Camila Almeida Janela Valim
Gustavo Marinho de Carvalho
Rafael Valim
Walfrido Warde
Silvio Almeida

EQUIPE EDITORIAL
COORDENAÇÃO DE PROJETO: Erick Facioli
REVISÃO: Fernanda Zandoná
PREPARAÇÃO DE TEXTO: Amanda Dorth
REVISÃO TÉCNICA: Amanda Dorth e Beatriz Duarte Lopes
DIAGRAMAÇÃO: Gisely Fernandes
CAPA: Maikon Nery

EQUIPE DE APOIO
Carla Vasconcelos
Regina Gomes
Nathalia Oliveira

Dados Internacionais de Catalogação na Publicação (CIP)
(Câmara Brasileira do Livro, SP, Brasil)

Bojanić, Petar
Violência e messianismo / Petar Bojanić ; tradução Gabriel Rezende. -- 1. ed. -- São Paulo : Editora Contracorrente, 2024. -- (Constitucionalismo contemporâneo)

Título original: Violence and messianism:
ISBN 978-65-5396-170-8

1. Benjamin, Walter, 1878-1940 - Influência 2. Buber, Martin, 1878-1965 - Influência 3. Era messiânica (Judaísmo) 4. Filosofia moderna 5. Judaísmo - Filosofia 6. Messias - Judaísmo 7. Paz (Filosofia) 8. Rosenzweig, Franz, 1886-1929 – Influência 9. Violência I. Título. II. Série.

24-188328 CDD-181.06

Índices para catálogo sistemático:

1. Era messiânica : Judaísmo : Filosofia 181.06
Aline Graziele Benitez - Bibliotecária - CRB-1/3129

@editoracontracorrente
Editora Contracorrente
@ContraEditora
Editora Contracorrente

SUMÁRIO

APRESENTAÇÃO DA COLEÇÃO

A coleção "Constitucionalismo Contemporâneo", lançada com os esforços conjuntos do Instituto Brasileiro de Ensino, Desenvolvimento e Pesquisa (IDP) e da Editora Contracorrente, ocupa-se em divulgar a produção acadêmica mais atual e relevante sobre temas caros à manutenção do Estado Constitucional, artefato surgido no pós-Guerra que traduz nova forma de relacionamento entre o poder e o Direito.

É certo que nunca se debateu tanto o constitucionalismo. Não menos exato é que o tempo presente assiste a curiosas inversões, como aquela promovida por movimentos populistas que, em nome do povo, trabalham para erodir a própria democracia. Esse contexto inspira o surgimento de doutrinas constitucionais que investem contra o Estado Constitucional. Favorece, também, o desenvolvimento de uma contradição em termos: um constitucionalismo autoritário – se não abertamente, pelo menos em seus efeitos, do que é sintoma, por exemplo, a normalização de escritos que articulam com a radical abolição do controle de constitucionalidade.

Assumindo a premissa de que alguma importação doutrinária irrefletida contribui para esse estado de coisas, a curadoria feita nessa Coleção objetiva contribuir com o enriquecimento do debate acadêmico brasileiro, mediante a tradução de alguns dos escritos contemporâneos mais relevantes do Direito Constitucional. Num momento em que o constitucionalismo se vê desafiado por um influxo antidemocrático globalmente estruturado, o melhor a se fazer é fomentar um diálogo teórico produtivo entre diferentes sistemas e perspectivas constitucionais.

GILMAR MENDES

GEORGES ABBOUD

PREFÁCIO DO TRADUTOR

"Como traduzir um texto escrito em diversas línguas ao mesmo tempo? Como atribuir o efeito de pluralidade? E se se traduz em diversas línguas ao mesmo tempo, chamar-se-á a isto traduzir?"[1] Essas perguntas, formuladas por Derrida no famoso ensaio "Des tours de Babel", poderiam prefaciar todas as traduções passadas e vindouras dos textos do filósofo Petar Bojanić. Nelas, inscreve-se algo mais que o limite da tarefa do tradutor: está em jogo um programa de investigação no qual o problema da violência surge do confronto com a "estranheza das línguas".[2]

Logo que decidi empreender a tradução que ora se apresenta de *Violência e messianismo*, escrevi ao professor Bojanić para perguntar-lhe qual era a língua original em que o livro havia sido escrito. Ele me respondeu graciosamente, esboçando algo similar a um aforismo talmúdico: "Não há um registro de origem. Qualquer

1 DERRIDA, Jacques. "Des tours de Babel". *In*: ______. *Psyché*: inventions de l'autre. Paris: Galilée, 1998, p. 208.

2 BENJAMIN, Walter. "Die Aufgabe des Übersetzers". *In*: ______. *Gesammelte Schriften* IV.I. Frankfurt am Main: Suhrkamp, 1972, pp. 14-21.

uma das traduções é o verdadeiro original. Escolha uma". O fato de os textos aqui recolhidos terem tido suas respectivas primeiras versões publicadas em idiomas como o servo-croata, o francês, o inglês e o alemão explicaria o conselho dado, mas não o enigma posto nas palavras de Bojanić. Afinal, há um elemento irredutivelmente babélico nessa cena onde o recurso à origem é, de antemão, excluído. Babel, relembre-se, não designa apenas uma pluralidade de línguas. A "confusão" (ou "mistura"), contida no étimo da palavra, e referida explicitamente no episódio do *Gênesis*, aponta também para a impossibilidade de saturação dos sistemas linguísticos, para a irremediável incompletude da língua, para a ausência de um horizonte de totalização linguageira.

A Babel de Bojanić força os limites figurativos de uma língua total. Nem os idiomas de partida nem o suposto idioma de chegada, no processo tradutório, estão a salvo de um regime geral de contaminações que os torna desiguais a si mesmos. Veremos, nas páginas que se seguem, palavras que, entre *langue* e *parole*, atravessam diversas línguas sem que possamos ter certeza de onde vêm. Palavras apátridas – *heimatlose*, como dizem os internacionalistas – perdidas entre o hebraico e a "transgermanização",[3] entre as línguas eslavas e os restolhos de línguas latinas; palavras que surgem para nomear conceitos, mas que se acham em exílio, refugiadas de guerra ou em busca de asilo político. *Violência e messianismo* requer de seus leitores um ato de hospitalidade radical. O livro comanda que acolhamos palavras como *mrivi*, *oyev*, *instituição*, *Zug*, *korbán*, *paz*, *milo*, *drago* e *Feind* sem, antes, perguntarmos por seus verdadeiros nomes, por suas nacionalidades ou por suas intenções (pacíficas ou belicosas). Lá onde Frege dizia que o significado de uma palavra só poderia ser apreendido no contexto da proposição, Bojanić sugere que a esperança de produção de sentido depende de palavras que se acham sem língua, sem léxico.

3 Cf. o emprego do termo *Verdeutschung* em BUBER, Martin. *Die fünf Bücher der Weisung*. Gerlingen: Deutsche Bibelgesellschaft, 1976.

Ao dizer que todas as traduções são o original, e que eu deveria simplesmente escolher uma delas para escrever o próximo texto-origem, Bojanić reelabora, de maneira bastante sutil, a temática central de seu livro, a saber, a relação entre "violência" e "messianismo". De uma só vez, ele coloca de lado a miragem de uma língua pura ou de uma língua suprema como lugar de presença plena e estabelece a textualidade da tradução como movimento diferencial da origem. Articula-se, assim, a empreitada de Bojanić: por um lado, conferir força e forma a um messianismo sem messias e, por outro, persistir na filosofia, isto é, na instituição do texto filosófico. Dito de outro modo: quanto de violência deve guardar o texto para dar força ao messianismo?

***

A obra de Petar Bojanić religa duas tradições que povoam nosso imaginário da filosofia no século XX. Tendo realizado seus estudos na Universidade de Belgrado sob a direção do professor Miladin Životić, Bojanić se coloca na descendência direta dos debates filosóficos que tomaram o espaço intelectual iugoslavo no pós-guerra. Poderíamos nos lembrar, por exemplo, do insigne *Grupo Praxis* e das discussões em torno de um marxismo não ortodoxo, voltado às condições históricas do socialismo autogestionário, e aberto criativamente aos influxos do ferramental de outras escolas filosóficas. É difícil imaginar que as discussões presentes neste *Violência e messianismo* pudessem ser apartadas do projeto que se inaugurava já no primeiro volume da *Revista Praxis*, datado de 1965:

> Nem o socialismo nem o marxismo são algo de estreitamente nacional; e o marxismo não pode ser o marxismo, o socialismo não pode ser o socialismo se eles se fecham em quadros nacionais estreitos.[4]

4 PEJOVIC, Danilo *et al.* "À quoi bon praxis?" *Praxis*, vol. 1, nº 1, 1965, p. 5.

Essa é também uma tradição que experimentou, em formas não apenas teóricas, o problema do uso da força, colocando-o no centro da filosofia. Bojanić leva adiante o legado de filósofos e filósofas para quem a escrita não foi indiferente à circulação da violência. O escrever sobre a guerra, sobre os nacionalismos e sobre o exílio deu-se, não raro, sob condições autobiográficas: a escrita da filosofia como escrita da vida. Aqui, não se trata apenas de conferir alguma indexicalidade aos termos do debate, ou delimitar o contexto em que se dá a reflexão de Bojanić. O que ressai é, antes, uma dimensão "autobiografilosófica".[5]

Violência e messianismo conecta outro importante fio da filosofia do último século: uma tradição que, à míngua de um nome melhor, chamamos de desconstrutiva. Bojanić estudou sob a supervisão de Jacques Derrida e sua tese de doutorado, co-orientada por Étienne Balibar, talvez tenha sido o último trabalho supervisionado pelo autor de *Da gramatologia*. Não será preciso muito esforço para reconhecer, neste livro, muitos dos temas que atravessaram os seminários de Derrida na École des hautes études en sciences sociales, a exemplo da hospitalidade, da soberania, dos nacionalismos, da tradução, da violência, da responsabilidade ou do perdão. As referências diretas e indiretas a Bojanić encontradas nos textos do seminário *A pena de morte* (1999-2001), bem como as múltiplas alusões à situação balcânica no seminário *Hospitalidade* (1995-1997) sugerem que este foi mesmo um encontro de mão dupla.

O título *Violência e messianismo* não é, nas palavras de seu autor, uma simples paráfrase de "Violência e metafísica", texto de juventude em que Derrida realiza uma leitura a um só tempo profunda e crítica da obra de Emmanuel Levinas. Talvez pudéssemos entender melhor essa conexão se pensássemos o presente volume como uma paródia, ou seja, como um "canto paralelizado". Era assim

---

5 Cf. DERRIDA, Jacques. *L'animal que donc je suis*. Paris: Galilée, 2006, p. 108.

que Haroldo de Campos propunha que fossem lidas, para além da imitação burlesca, as instâncias de "releitura dialogal no tempo".[6]

"Violência e metafísica" elaborou a premissa de que a ética de Levinas, mesmo em seu mais rigoroso apelo a uma relação não violenta com o outro, arrisca expor-se a uma espécie de violência ainda pior: a violência da separação absoluta como instância não discursiva; o outro infinitamente distante num silêncio absoluto. O argumento de Levinas estaria assim atravessado por uma contradição. Se a justiça, entendida como relação com o outro, só pode se dar discursivamente, e se o discurso é essencialmente uma instância de mediação que retém o espaço e o mesmo (*même*) em si, concluir-se-ia que a relação não violenta com o outro depende sempre de um *medium* violento. A solução de Levinas seria supor, em um primeiro momento, uma linguagem em que se confrontam formas finitas de violência (uma "economia da violência") e, em um segundo, a projeção de um *télos*, de um horizonte de ultrapassagem desse regime econômico em favor de uma relação não discursiva e, portanto, pacífica com o outro. Derrida expressamente qualifica este fim como a "pior violência, aquela do silêncio primitivo e pré-lógico, de uma noite inimaginável que não seria o contrário do dia, de uma violência absoluta que não seria o contrário da não violência".[7]

Em seu registro paródico, Bojanić dá nova forma a essas conclusões. A releitura da antinomia da não violência em uma chave messiânica é central para seus propósitos. Desde sua tese de doutorado, Bojanić defendeu que a filosofia, com suas técnicas de justificação e seus métodos de elaboração teórica, implicava necessariamente uma modalidade de guerra, isto é, de violência como guerra. O contrário também seria verdadeiro, uma vez que a própria ideia de guerra dependeria da produção filosófica que a justifica e delimita

6 CAMPOS, Haroldo de. *O arco-íris branco*. Rio de Janeiro: Imago, 1997, p. 49.

7 DERRIDA, Jacques. *L'écriture et la différence*. Paris: Seuil, 1967, p. 109.

sua extensão semântica. Onde há discurso e, *a fortiori*, discurso filosófico, há guerra. Ora, se a instituição filosófica é inseparável da ideia de um acúmulo de forças, como pensar a filosofia judaica, cujo centro de emanação de sentido é o messianismo e uma paz a ele correlata? E, para além disso, como pensar a filosofia política judaica entendida como política da espera do Messias?

Bojanić desenvolve, ao perseguir detidamente suas leituras de Hegel, Levinas, Rosenzweig e Benjamin, a noção de "messianicidade" (messianismo sem messias) cunhada por Derrida. Dar força e forma à messianicidade significa levar a sério um elemento de irredutível violência. A questão relevante já não será mais a distinção rigorosa entre guerra e paz, ou entre o conflito e um futuro de apaziguamento edênico, senão antes: quanto de violência é necessário para a vinda do outro? A filosofia judaica relida por Bojanić é uma filosofia da economia da violência, mas não no sentido de uma economia clássica da troca e da produção. Economizar aqui significa inscrever na materialidade do signo e, portanto, sujeitar o valor à possibilidade infinita da circulação e da perda, do excesso e do gasto sem contrapartida. Não se trata de eliminar a violência, mas de convertê-la, de substituí-la e, finalmente, de traduzi-la, abrindo a possibilidade de algo que se assemelhe a uma menor violência. Eis a temática que atravessa o problema do sacrifício e chega até o messianismo.

Entre "Violência e metafísica" e *Violência e messianismo*, a messianicidade coloca-se no lugar da metafísica, metonímia historicamente sedimentada da própria filosofia. Mas essa é mesmo uma substituição? Podemos ainda chamar de substituição uma transformação que pluraliza seus objetos e nega-lhes a miragem de uma língua plena? Bojanić oferece uma cadeia de conversões na qual não há originais. A passagem da filosofia ao messianismo só se dá por traduções violentas. Escolhamos uma entre elas.

GABRIEL REZENDE

INTRODUÇÃO

O título deste livro, *Violência e messianismo*, não é nem uma mera paráfrase de um influente texto do século XX, "Violência e metafísica", nem uma simples homenagem a Jacques Derrida *e a Étienne Balibar*, que orientaram minha tese de doutorado e com quem discuti os argumentos desenvolvidos aqui. Pretendo, de forma ampla, reler o famoso texto de Derrida a partir de uma sugestão feita por ele, em textos tardios como *Voyous* e "Prière d'insérer", de uma "messianicidade [*messianicité*] sem messianismo". Esta expressão, alcunhada e explicada recorrentemente por Derrida ao fim de sua vida, apresenta um paradigma *bona fide* de um movimento ou ato desconstrutivo e se adequa à concepção de violência expressa em seu texto sobre Levinas. Ao substituir o adjetivo "messiânico" pelo neologismo "messianicidade", Derrida busca purificar o messianismo de todos os traços do Messias, do judaísmo e da religião em geral. Assim, ele elimina a posição de subjetividade daquele que espera, que chama e promete a vinda do outro ou a vinda do Messias. Ele transforma a subjetividade da espera em uma espera neutra (uma espera sem espera, sem o horizonte do acontecimento por vir). Para além disso, os vários protocolos de afastamento em relação ao outro (não estou esperando pelo outro, eu não estou esperando, isto não é uma espera, é uma espera sem espera) são necessários para a garantia de que o acontecimento esperado (o outro, o hóspede, o Messias, a justiça, a democracia etc.) efetivamente aconteça. De forma mais específica, estou particularmente interessado em duas injunções de Derrida: a de "dar a essa messianicidade força e forma" (como? desde onde? quem? quando?), e a de não deixar o registro filosófico, de nunca abandonar a instituição da escrita, isto é, o texto filosófico.

Mas como podemos expressar filosoficamente a ideia messiânica? Por que deveríamos encontrar espaço, no interior do campo filosófico, para a impossível vinda daquilo que não está ainda aqui? Seria este o lugar onde se faria possível a filosofia judaica? Seria o texto enquanto tal a condição do messianismo e da vinda do outro? E, por fim, como o paradigma da constituição do sujeito foi substituído pela ideia de constituição do outro ou pelo espaço para sua autoconstituição? O que significa "se retirar", "chamar" ou "forçar" o outro e algo outro? *O problema fundamental deste livro é como se pode dar "força e forma" a algo – ou, mais precisamente, se, e em que medida a força e a violência são necessárias para a permanência da instituição, para sua manutenção e também para sua institucionalização.* Seria a violência uma condição necessária para alcançar-se a paz ou a justiça? Qual é a medida correta de violência a ser incorporada a um Estado, como o novo e legítimo estado de Israel? Ou, por exemplo, qual radicalismo nos conduzirá à vitória? Como, assumindo-se que isso seja possível, podemos humanizar a guerra, e, até que ponto, a violência pode tornar-se ética?

Buscando elaborar respostas a todas essas questões, assim como justificar a substituição da palavra "metafísica" pela palavra "messianismo" no título, segui a analogia médica (e fatal) de Hegel entre doença e soberania (o organismo, o Estado, o corpo, o todo, o mundo), isto é, a necessidade de terapia (medicação, intervenção, adição e vinda do outro). Parece-me que a descoberta de Hegel da terapia homeopática, bem como a forma como ele a emprega em suas filosofias da natureza e política, poderia constituir o esboço inicial da figura do outro absoluto. A ideia de Hegel deste outro (que é, em verdade, o si mesmo, logo a homeopatia) é que ele existe como um inimigo que se opõe à totalidade – uma totalidade que se constitui, a seu turno, em resistência a esse outro –, mas também que seria possível comandar e conduzir a vinda deste outro. Repertoriei o desenvolvimento e a transformação dessa ideia hegeliana e os diferentes caminhos que ela tomou em Rosenzweig, Benjamin, Levinas e Derrida. Este último adota uma estratégia de autoimunologia, tentando preservar o caráter estrangeiro do outro em face de nosso poder de assimilação. A busca, contudo, por proteger o outro e proteger do outro (assim como as alergias em Levinas) cria, em nós, conflito e hostilidade, perda de identidade e doença. Por outro lado, a teoria da vitória de Benjamin carrega a ideia de que guerra e violência absolutas (uma grande guerra global ou as novas formas de guerra messiânica de Rosensweig) podem, de fato, conduzir à paz. A presença do outro leva, por fim, à revelação do verdadeiro sujeito revolucionário.

Como introdução a essas reflexões sobre violência e messianismo, e revelando os protocolos de leitura necessários ao gesto filosófico, permitam-me apresentar alguns elementos metodológicos das linhas que se seguem. Cada capítulo é uma interpretação de um ou mais textos filosóficos nos quais reúno e comparo certas expressões e suas variações. Ao longo deste processo, tento pôr a descoberto a lógica segundo a qual esses textos são construídos. Não pretendo imaginar laços potenciais entre pensadores ou doutrinas filosóficas, nem, tampouco, examinar problemas filosóficos e debates já conhecidos. Parece-me que os textos devem sofrer uma leitura analítica ou sintomal, o equivalente textual da atenção flutuante na psicanálise, na qual o leitor se deixa guiar mais pelo jogo de significantes do que pela estrutura aparente ou pela intenção explícita. Isto revela, por exemplo, que, na *Crítica da violência* de Benjamin, o termo "vitória" ocorre diversas vezes em momentos decisivos do argumento. Parece-me frutífero e necessário igualmente comparar as diversas instâncias dos termos "sacrifício" ou "*Zug*" na escrita de Rosensweig, assim como o modo como cada um funciona em seus respectivos contextos.

Esse processo é comparável a uma *radiografia*. A imagem resultante sugeriria, em primeiro lugar, que a carne do texto esconde um esqueleto que a estrutura e a articula, mesmo permanecendo invisível a olho nu. A estrutura esquelética de um texto não é nem um aspecto prescindível e, *a fortiori*, marginal, nem tampouco uma interpretação encontrada às margens do texto, ainda que relevantes elementos frasais se achem por vezes ali. A estrutura esquelética do texto tornada visível por tal leitura radiográfica é a estrutura lógica latente, o impensado que, não estando imediatamente óbvio, é, contudo, um componente necessário. A interpretação consiste, portanto, em ultrapassar a dimensão explícita do texto: mover-se em direção a uma dimensão implícita que expressa o pensamento em cuja essência se encontra o ir além dos limites de suas referências, intenções e significados, deixando para trás o conjunto de significantes e referências identificáveis que manifestam o pensamento consciente do autor e estruturam uma rede de significados determináveis. A toda evidência, esse método de leitura – ou, ao menos, esse ponto de vista hermenêutico em relação a textos filosóficos que tratam da violência e do messianismo – assume uma certa ideia da escrita filosófica e das redes de significantes que tecem sua trama. O que justifica estabelecer essa particular distinção e prestar atenção, por sobre a lógica conspícua dos textos, a repetições lexicais aparentemente insignificantes? E qual é o resultado desse método de interpretação?

Ao tentar penetrar na construção desses textos, parece-me, em verdade, que são eles que nos carregam – transferem e transportam – em direção a certos elementos. Se considerarmos *Crítica da violência*, e se tentarmos entender como ele é construído, não poderemos evitar as muitas apropriações que compreendem seus intertextos, nem o jogo de intrarreferências nos quais ele consiste. Neste lugar em que o inter- e o intratextual se interseccionam, encontramos a rebelião de Coré, que, curiosamente, pouco atraiu a atenção dos comentaristas de Benjamin. Entretanto, tudo indica que este é o lugar em que o texto se condensa, uma vez que o caso de Coré é a ilustração, por excelência, do problema revolucionário da violência. O trabalho interpretativo de identificação destas expressões, ainda que elas não tenham, em si, um conteúdo estável, mostra que, nelas, reside o projeto filosófico do texto, e que elas são sua base e espinha dorsal. Estes pontos, em última análise, permitem reunir e condensar as ambiguidades, os problemas e mesmo as aporias de um texto. Assim, por exemplo, para Rosensweig a expressão "*Zug*" é o mecanismo básico ou até mesmo o segredo do messianismo, uma vez que sintetiza a relação do pacifismo com a guerra. De maneira similar, a fórmula "*un arrière-goût de violence*" (um retrogosto de violência) é a chave do projeto de Levinas consistente em investigar se existiria algo como uma violência justa e como ela seria empregada.

Aquilo que é verdade de um termo ou expressão vale também para os dispositivos tipográficos que alteram o significado: aspas, parênteses, itálicos, tradução, símiles e analogias, análise de exemplos. À margem de seu status explícito, a responsabilidade tanto de portar quanto de remover dificuldades sempre recai implicitamente sobre a expressão que, em aparência, não possui um caráter decisivo.

A apresentação e a manifestação destes elementos instáveis é o resultado particular da interpretação. Trata-se de uma espécie de redução ou análise – no sentido qu*ímico dos termos* – até que se alcance um elemento irredutível que, nada obstante, contém as principais dificuldades condensadas e, portanto, manifestas do texto interpretado. O fim da análise nunca é meramente um elemento puro e simples, mas antes o contrário: sempre algo complexo e impuro, de tal modo que o projeto de integrar e fundamentar a violência no messianismo revela, em última análise, sua radical impossibilidade. Eis a razão pela qual a análise do exemplo da rebelião de Coré, em Benjamin, *não revela a solução do problema, mas seu ponto de contração.*

Para que este protocolo de leitura seja qualificado como desconstrutivista, é necessário especificar que, como na análise química, ele extrai e reduz apenas as expressões obtidas da trama de significação. Para qualific*á*-lo como estrutural é necessário, ademais, notar a natureza heterogênea do elemento estrutural resultante. O processo de redução é o método de interpretação, enquanto o elemento particular e impuro é o resultado problemático. Esta é a razão pela qual devemos sustentar estas duas teses contraditórias em conjunto: por um lado, não é possível pensar em termos filosóficos a relação entre violência e messianismo sem integrar a primeira no segundo, e tal projeto é necessário filosoficamente; por outro lado, não há qualquer justificação possível da violência que poderia embasar *de jure* um tal projeto, garantindo sua execução. Por isso, qualquer empreitada filosófica que busque pensar a relação entre violência e messianismo aponta, em última instância, para uma *necessária, mas impossível* busca de fundamentação que viria a garantir o estabelecimento da instituição da violência. Essa contradição, na qual a filosofia busca justificar a violência e recorre a tudo o que o simbólico e o imaginário têm a oferecer, é o movimento da justiça como ficção, num sentido dúplice de criar (fabricar) e inventar (*fingere*). Portanto, sugiro que ele seja caracterizado pelo neologismo *justificção*.

Em minha tese de doutorado, busquei mostrar que a guerra está ligada à instituição em geral e à instituição da filosofia em particular. É impossível reduzir as teses da filosofia política acerca da violência e do messianismo a um discurso sobre a guerra (definitiva). A filosofia sustenta a relação necessária, ao menos em sua forma problemática, da violência e do agir messiânico. Se não por outra razão, ela o faz porque intercambia as ambiguidades entre os dois, ancorando suas atividades no campo social. Aumenta-se, assim, a polissemia no nível da escrita, transferindo e traduzindo as reais dificuldades da relação entre violência e messianismo na construção discursiva e significante – o texto. O texto, contudo, está em contato imediato com o campo social, porque ele representa um fato institucional que, como tal, busca integrar a violência a uma dada ordem. A filosofia, neste sentido duplo de escrita e institucionalização, é uma disciplina. Isso significa que a escrita filosófica tem sempre a tarefa de dosar a violência, de introduzir e alcançar uma nova época. Por último, como prática, inclusive como *práxis*, a filosofia está envolvida em um devir-instituição, que não apenas a afasta de uma disciplina puramente especulativa (*skhôlè*), mas, ao contrário, impulsiona-a a interiorizar e constantemente intercambiar as *aporias* políticas da violência e do messianismo.

Traduzida no problema do messianismo (heroísmo, responsabilidade, soberania, Judaísmo, nostalgia, pacifismo, revolução, pirataria, sacrifício, vitória, vingança etc.), a questão que coloco, neste livro, é a seguinte: *há uma ligação entre a violência (guerra) e a vinda do Messias (justiça, democracia, ordem, paz)*? Se este for o caso, quanto de violência seria necessário? Quais são as figuras da violência aptas para tanto? O agir messiânico é possível? É necessário agir violentamente para produzir uma nova época? Este é o tipo de agir que se dirige diretamente ao outro, ainda que o faça a partir da antecipação. Neste sentido, filosofia como *práxis já é uma ação política portadora de potencial messiânico ou revolucionário. Convoca-nos à ação em virtude de sua tendência a tudo incluir e associar, a introduzir*-nos todos em um devir ativo ou, da mesma forma, negando que restemos passivos. Ela demonstra a urgência da mais expedita construção possível da cidade justa. Mesmo a própria possibilidade da vinda de uma nova época histórica *é* razão suficiente para continuarmos a ler e a produzir filosofia. A vinda desta é inseparável do futuro daquela.

CAPÍTULO I

VIOLÊNCIA E DOENÇA: FIGURAS DO OUTRO, FIGURAS DE HEGEL

De imediato, quero insistir sobre a palavra "outro".

Em grego, *ho allos*[8] designa também o estrangeiro, o outro restante, um outro que é também outro (distinto). Como podemos seguir (tenho dúvidas em falar de tematização e estudo) a ação (*ergon*) em direção ao outro, ou o discurso (*logos*) sobre este outro (ou sobre o trabalho e a ação deste outro)? Ou, inversamente, como podemos seguir a resistência ao outro e a resistência do outro neste contexto complicado, e num caminho que começa com uma analogia imaginária de soberania (de novo, *logos*) e termina com os atributos (ênfase no plural) da violência? Como podemos seguir as transformações e deformações de *alergologias* ou do *alergológico* no arcabouço de estratégias alternativas como *imunologias* ou *(auto)imunologias*, e

8 A palavra "alergia" foi usada pela primeira vez em alemão, em 1906, em um texto do pediatra vienense Clemens Freiherr von Pirquet publicado na revista *Münchner Medizinische Wochenschrift*. A origem grega desta palavra é, a toda evidência, inventada. Seguindo a analogia da palavra energia, *en-érgeia* (força corporal interna), von Pirquet cunha o termo *all-érgeia*, "*als Ausdruck von Reaktionen auf körperfremde Stoffe*".

como, simultaneamente, podemos seguir a forma promissora que anuncia e abre uma maior proteção e segurança para o outro?

Como a detecção de um ato violento ou de muito atos violentos uns contra os outros – sendo essa a premissa de toda *alergologia* ou imunologia (já não pertence a alergia às estratégias autoimunes?) – protege (um) outro? Para evitar mal-entendidos, a questão não é a de como se proteger o eu, o nós, o si mesmo, ou, ainda, minha relação com o outro (provando a benevolência ou a higidez do outro), mas, precisamente e acima de tudo, como proteger o outro. Será que a proteção ao outro enquanto outro, certamente uma proteção contra mim, contra minha intervenção ou assimilação, nada mais assume que a aquiescência à alergia, à prevenção e à distância em relação ao outro? A alergia ou a imunidade com respeito ao outro protegem o outro de mim?

De modo similar, é possível que a astúcia e o eventual deslocamento das *alergologias* às *(auto)imunologias* ultrapassem, pela primeira vez, todos os problemas concernentes às mudanças de significado e contexto? A *(auto)imunologia* produz maior proteção do outro ao retirar-se diante dele, porque o mesmo (eu ou nós) opõe-se a si enquanto outro? Em outras palavras, divide-se o mesmo internamente, colocando a si mesmo em questão, visto que reconhece a si mesmo como inimigo e como outro, visto que luta contra si mesmo e suas próprias ficções e fantasias sobre a inimizade e a alergia?

Levinas pergunta:

> Não pode o Mesmo [*le Même*] acolher o Outro [*l'Autre*], não o dando a si como tema [*en se le donnant pour thème*] (isto é, como ser), mas colocando a si próprio em questão? Este colocar em questão [*mise em question*] não ocorre precisamente quando o Outro não tem nada em comum comigo, quando é totalmente outro, ou seja, Outrem [*lorsqu'il est tout autre, c'est-à-dire Autrui*]?[9]

9 LEVINAS, Emmanuel. "Transcendance et hauteur". *In*: ______. *Liberté et commandement*. Paris: Fata Morgana, 1994, p. 76.

Todas essas questões, repito, devem ficar à sombra da questão relativa à resistência a (algo) outro e da resistência ao outro. Além disto, todas essas questões se desdobram em um contexto complicado composto pela analogia da soberania (o Estado e o organismo soberano) e por vários atributos da violência e da guerra. Apesar de que, durante séculos, o controverso status e a primazia dos elementos que compreendem essa (bio)analogia (e contra-analogia) – o todo, a totalidade, o Estado, a comunidade, o organismo, o corpo – tenham se colocado em primeira linha, insisto que, durante todo esse tempo, a doença crônica foi também o fator secreto e a condição de possibilidade dessa analogia.

A doença fornece o arcabouço, ela é tanto o início quanto o fim das minhas questões invertidas e cruzadas: a doença da soberania e a estratégia homeopática de Hegel; a terapia e a infusão no corpo doente e paralisado do filósofo de Rosenzweig ("*alle Symptome von akuter Apoplexia philosophica*");[10] a descoberta de Levinas da origem e do nascimento da filosofia na alergia ("*la philosophie est vraiment née d'une allergie*");[11] os epítetos e atributos da violência de Derrida[12] e sua construção da imunidade e da autoimunidade

---

10 ROSENZWEIG, Franz. *Das Büchlein vom gesunden und kranken Menschenverstand*. Düsseldorf: Joseph Melzer Verlag, 1964, p. 57. Este pequeno livro não foi publicado durante a vida do autor. Rosenzweig escreveu-o durante a primavera de 1921, mas suspendeu sua publicação em julho ("*Ich glaube, das Buch wird eine reine Blamage*"). Em novembro, ele notou os primeiros sintomas de sua doença, tendo seu amigo, o Dr. Viktor von Weizsäcker diagnosticado que Rosenzweig sofria de uma forma severa de paralisia. Cf. ROSENZWEIG, Franz. *Gesammelte Schriften II*: Briefe und Tagebücher (1918-1929). Den Haag: Martinus Nijhoff, 1979, pp. 717-723; ROSENZWEIG, Franz. *Die Gritli-Briefe*: Briefe an Margrit Rosenstock-Hussey. Tübingen: Bilam Verlag, 2002, p. 757.

11 LEVINAS, Emmanuel. "Transcendance et hauteur". *In*: ______. *Liberté et commandement*. Paris: Fata Morgana, 1994, p. 76.

12 "Violence et métaphysique. Essai sur la pensée d'Emmanuel Lévinas" (1964), texto de Derrida, é, acima de tudo, um ensaio sobre os vários tipos de violência e suas somas: "*violence de la lumière*", "*réactionnaire*",

como as fundações da comunidade.[13] Eu, primeiramente, dividiria essas quatro intervenções análogas em quatro ações díspares em duas colunas, isto é, eu classificaria esses quatro conjuntos de reflexões sobre a violência em somente dois: de um lado estão Hegel, "o místico da violência", como o chama Benjamin,[14] e Rosenzweig, o moderador de Hegel (e, geralmente, um de seus mais importantes leitores);[15] e, do outro, estão Emmanuel Levinas e seu próprio leitor (e, ocasionalmente, moderador ilegítimo) Jacques Derrida. Essa divisão pode ser vista como uma série de interrupções banais e lacunas desiguais na cronologia de uma única coluna.

Se eu tivesse, agora, que formular uma divisão inicial, nova e diferente no mesmo eixo ao longo do qual esses textos se conectam e se sobrepõem, eu experimentaria e formularia as coisas de maneira inteiramente diversa. Eu escolheria entre as duas opções seguintes. Ou eu declararia todos esses quatro grandes gestos e leituras, esses

---

"*historique*", "*païenne*", "*la pire et pure violence*", "*violence transcendantale*", "*originaire*", "*violence pré-éthique*", "*pire violence comme pré-violence*", "*violence absolue,*" "*dernière et pire violence,*" "*ontologique*", "*violence éthique*", "*violence nécessaire*", "*violence ontologique-historique*", "*première violence*" "*nihiliste*", etc. (DERRIDA, Jacques. "Violence et métaphysique. Essai sur la pensée d'Emmanuel Lévinas". *In*: ______. *L'écriture et la différence*. Paris: Seuil, 1967, pp. 117-229).

13 Em seus últimos anos, Derrida evocou constantemente essas figuras: cf. DERRIDA, Jacques. *Spectres de Marx*. Paris: Galilée, 1993, p. 224; DERRIDA, Jacques. *Politiques de l'amitié*. Paris: Galilée, 1994, p. 94; DERRIDA, Jacques. "Foi et Savoir". *In*: DERRIDA, Jacques; VATIMO, Gianni (Coord.). *La Religion*: Séminaire de Capri. Paris: Seuil, 1996; DERRIDA, Jacques. *Voyous*. Paris: Galilée, 2003, p. 60; DERRIDA, Jacques *et al. Le "concept" du 11 septembre*: dialogues à New York avec G. Borradori. Paris: Galilée, 2004, pp. 144-147.

14 Carta a Scholem de 31 de janeiro de 1918. (BENJAMIN, Walter. *Briefe I*. Frankfurt am Main: Suhrkamp, 1978, p. 171).

15 Rosenzweig pertence à última geração dos leitores dos textos jurídicos e políticos de Hegel. Friedrich Meinecke, seu mentor, inclui nesse grupo, entre outros, Hermann Heller, Kantorowitz, Schmitt-Dorotič e Kluckhohn. Cf. MEINECKE, Friedrich. *Weltbürgertum und Nationalstaat* 5. München: R. Oldenbourg, 1962, pp. 163, 198 e 201.

grandes livros sobre a violência e a inimizade, como esforços moderadores – pois são todos moderadores, naquilo que tentam amainar os elementos extremos e as diferenças que os precedem (até mesmo ou, talvez, especialmente Hegel); ou eu divisaria o gesto comum de Rosenzweig e Levinas como o primeiro e único acontecimento na história do pensamento ocidental. Não se trata nem de um vulgar episódio, nem de um *intermezzo*, nem de uma curta trégua na história da violência e da crença na ideia de que se pode alcançar um fim por meio da força, isto é, a crença de que não há justiça, direito ou ordem sem o uso da violência ou da guerra. Esta segunda opção significaria, então, que este acontecimento do pensamento é um acontecimento *par excellence*, raro, irrepetível, porque se opõe fortemente tanto ao contexto em que aparece quanto a tudo que o precede. Mas também porque, paradoxalmente, deve sua influência e sua duração – eu diria até mesmo sua sobrevivência – a tudo o que o sucede. Portanto, entre Hegel e Derrida estão colocados Rosenzweig e Levinas (em que pese toda a relutância e a hesitação de Levinas com a leitura de Hegel por Rosenzweig).[16] Essa opção traria dois problemas, diversas camadas de incerteza e diferentes tipos de responsabilidade.

---

16 Em um texto de 1965, "Franz Rosenzweig: une pensée juive moderne", Levinas insiste por três vezes (pp. 70, 74, 87) sobre o dilema da existência de um Hegel estritamente "rosenzweigiano", que não guarda nenhuma relação com a influência de Meinecke ou com o "Hegel de Friedrich Meinecke". A terceira e última questão é uma severa crítica a Rosenzweig e um distanciamento em relação a este. "No fundo, a ruptura com Hegel – ainda que fosse o Hegel de Meinecke –, a afirmação, acima do Estado e da história política, do povo eterno e da via eterna, recebe um significado personalista ali onde outros, desde então, esperam encontrar uma solução às contradições do Mundo". (LEVINAS, Emmanuel. *Hors sujet*. Paris: Fata Morgana, 1987, p. 87). Parece que Levinas exagera a própria confissão de Rosenzweig no prefácio ao livro sobre Hegel, e que ele deseja seguir Meinecke e sua interpretação do movimento histórico de Hegel a Bismarck.

Primeiramente, seguindo algumas observações de Derrida em "Violência e Metafísica",[17] é preciso que as posições de Rosenzweig ou de Levinas (eu arriscaria dizer que elas se complementam perfeitamente, uma vez que cada uma trata de livros diferentes de Hegel) sempre sejam capazes de provar, em qualquer situação de renovada crença na violência (isto quer dizer hoje, agora), sua adaptabilidade e oposição a Hegel. A exigência, por exemplo, de que Levinas nem repita nem afirme, mas, tampouco, esconda seu hegelianismo imanente ("Levinas é muito próximo de Hegel, muito mais próximo do que ele gostaria de admitir, e isso mesmo quando ele aparentemente se opõe a Hegel da maneira mais radical")[18] poderia ser cumprida pela constante comparação desta posição com as várias fórmulas e combinações hegelianas.

O segundo ponto ou a segunda responsabilidade produz a primeira e se reduz àquilo que sucede a Derrida e sua (auto)imunologia (como já mencionei, para que meu construto se justifique, é preciso

---

17 Eu classificaria as constantes dúvidas de Derrida ("Teria Husserl subscrito a essa interpretação de sua 'interpretação'?", p. 128; "perguntamo-nos se Heidegger teria aceitado uma tal interpretação", p. 130) e suas numerosas objeções em vários grupos. Interessa-me apenas as objeções que guardam uma relação com a violência: as objeções de que a violência é necessária, ou que uma quantidade determinada de violência é necessária "em uma economia da violência" (pp. 136, 189, 190); de que o "encontro com o absolutamente-outro" é impossível sem violência (p. 141); de que a violência existe mesmo onde Levinas não se dá conta, a saber, que mesmo sua prática é violenta e que ela pressupõe a violência (p. 176); de que é possível mensurar a violência, isto é, vale a pena aceitar uma violência *ad hoc* a fim de evitar a sobrevinda de uma violência pior (pp. 178-179, 203); de que o anti-hegelianismo de Levinas é, de uma maneira ou de outra, inconsequente, ou de que Levinas é um cripto-hegeliano, que ele repete Hegel (pp. 139, 147, 165, 176, 177, 190), etc.

18 DERRIDA, Jacques. *L'écriture et la différence*. Paris: Seuil, 1967, p. 147.

acreditar, ao menos um pouco, em seu potencial e em seu futuro).[19] Para sobreviver, para seguir sendo um acontecimento exemplar, a intervenção de Rosenzweig-Levinas, que atinge os princípios da violência e da guerra (os mais primordiais institutos da filosofia), teria que manifestar abertamente sua oposição em relação aos grandes mistificadores da violência anteriores a Hegel. Penso, aqui, em Kant e nas tendências recentes de inaugurar suas bicentenárias fantasias de paz como sendo a mais eficiente resposta que a humanidade pôde dar, ainda hoje, à crise no Direito Internacional e à nova legitimação da violência e da guerra.

Três gestos de Hegel em suas leituras sobre a Filosofia do Direito, três passos na construção de uma analogia fatal poderiam formar, talvez, a condição inicial para a construção de uma estratégia que combine alguns elementos: guerra, violência, sacrifício, soberania, negação, inimigo e outro. Mas, antes de discutir esses gestos de Hegel e sua construção (como pretendo chamá-la, uma vez que é exclusiva de Hegel e poderia ser a condição para qualquer teoria, em Hegel, da violência, da guerra, do sacrifício, do inimigo, etc.), apresento dois parâmetros que uso como preâmbulo à essa construção hegeliana:

a) Busco um Hegel mediado por minha leitura de Rosenzweig e Levinas. Em outras palavras, a construção elementar que os dois moderadores reconhecem de imediato como hegeliana e à qual não tardam a se opor. Rosezweig emprega a analogia do filósofo doente, do paciente e do idealismo que precisa ser derrubado. O que precisa ser derrubado em Hegel? Quais elementos de Hegel já estão no sanatório de Rosenzweig?

---

19 Eu insistiria no fato de que o esboço que faz Derrida de uma eventual (auto)imunológica ("uma espécie de lógica da autoimunização", ou "lógica geral da autoimunização"; cf. DERRIDA, Jacques. *Foi et savoir*. Paris: Seuil, 2000, p. 67, nota 23) já pressupõe e contém nele os esforços radicalmente diferentes de compreensão da noção de comunidade ensaiados no curso da última década. Penso, notadamente, em alguns textos de Agamben, de Esposito, de Sloterdijk, de Sontag, de Nancy, de Haraway, etc.

> Como vimos, nosso paciente sofre de uma inversão completa [*einer vollkommenen Umkehrung*] de suas funções normais. Parece clara a necessidade de, por sua vez, reverter esta inversão.[20]

b) Pretendo encontrar a construção que possa conter em si e, portanto, implicar todas as potenciais teorias de Hegel sobre a violência, a negação, o inimigo, a guerra etc. Uma teoria tal, redução sempre problemática e discutível de diversas ideias e fragmentos hegelianos deve, por exemplo, incluir: duas passagens da *Ciência da lógica* sobre a violência vinda do exterior, do outro, e da reação ao outro (o parágrafo "*Wirkung und Gegenwirkung*"), sobre a finalidade e a "violência mecânica" ("*die mechanische Gewalt*", na seção "*Der ausgeführte Zweck*");[21] a determinação da determinação, da negação, do limite e do outro absoluto na *Enciclopédia* (e, igualmente, na *Ciência da lógica*);[22] o argumento sobre o outro como o mal, sobre o autorreconhecimento no outro, no curso de 1805/1806 (*Jenenser Realphilosophie*);[23] diferentes versões da luta por reconhecimento (*der Kampf des Anerkennens*), das guerras e dos conflitos entre Estados, mas também as posições sobre a violência como "começo exterior ou começo fenomenal dos Estados" (äusserliche oder erscheinende Anfang), ao contrário da compreensão da violência como "fundamento do direito" (*Grund des Rechts*) ou da violência como "princípio

---

20 ROSENZWEIG, Franz. *Das Büchlein vom gesunden und kranken Menschenverstand*. Düsseldorf: Joseph Melzer Verlag, 1964, p. 50.

21 HEGEL, Georg Wilhelm Friedrich. *Die Wissenschaft der Logik*, Werke 6. Frankfurt am Main: Suhrkamp, 1971, pp. 233 e 451.

22 Os §§91, 92 e 93 são fonte de inspiração direta de Levinas. Ele encontrou ali a noção do mesmo, do outro, do terceiro e do infinito. (HEGEL, Georg Wilhelm Friedrich. *System der Philosophie*, Erster Teil. Die Logik. Stuttgart: Friedrich Frommann Verlag, 1964, pp. 218-222).

23 HEGEL, Georg Wilhelm Friedrich. *Jenenser Realphilosophie* 2. Leipzig: Felix Meiner Verlag, 1931, pp. 200-203.

substancial" dos Estados;[24] por fim, as sugestões esparsas de Hegel a propósito da primeira violência (*erste Gewalt*), da violência do herói, da conversão da violência em direito, do combate pelo direito etc.

Eis, então, três passagens que, acredito, constroem o caminho mais curto em direção a Rosenzweig e Levinas.

Após dois parágrafos (160 e 161) nos quais interroga, com profundidade, a guerra e o sacrifício pelo Estado, ao final do parágrafo 162 de suas lições de Heidelberg (1817/1818) sobre o *Direito natural*, Hegel fala do projeto kantiano de paz perpétua, que decorre da ideia de que não deveria haver guerras. No entanto, a guerra, afirma Hegel, é necessária desde o ponto de vista ético porque, sem ela, o povo se afogaria em sua vida privada, "na segurança e na languidez", transformando-se em presa fácil para outros povos. Hegel apresenta variações dessa ideia em diversos pontos de textos de diferentes anos.[25] Ele continua:

> Da mesma forma, há cerca de trinta anos formulou-se a bem intencionada ideia de que o gênero humano forma um único Estado.[26] Em uma aliança dessa índole, os Estados individuais se mantêm unidos em virtude de um mero "dever-ser", e a aliança se assenta por completo sobre o arbítrio (*Willkür*). É verdade que o indivíduo tem que desejar o contrário da guerra:

24 HEGEL, Georg Wilhelm Friedrich. *System der Philosophie*, Dritter Teil. Philosophie des Geistes. Stuttgart: Friedrich Frommann Verlag, 1964, §412-413.

25 "A guerra mantém a saúde ética dos povos" (*die sittliche Gesundheit der Völker*). (HEGEL, Georg Wilhelm Friedrich. "Über die wissenschaftlichen Behandlungsarten des Naturrechts". *In*: LASSON, Georg (Coord.). *Schriften zur Politik und Rechtsphilosophie*. Leipzig: Felix Meiner Verlag, 1923, p. 369).

26 Trata-se do texto de Kant "Über den Gemeinspruch" (1793), no qual ele aborda tanto seu "projeto para um Estado universal" quanto o caráter "não prático" do mesmo.

> mas a guerra é um momento natural filosoficamente essencial [*Der Einzelne allerdings muß das Gegenteil des Krieges wünschen; aber der Krieg ist ein philosophisch wesentliches Naturmoment*].[27]

É como se o próprio Levinas tivesse, ele mesmo, formulado estes dois sintagmas que não existem, sob esta forma, em nenhum outro lugar nos textos de Hegel: "necessidade ética" da guerra, a guerra como algo "filosoficamente essencial". A guerra é *der Naurmoment*, assim como os Estados são pequenos indivíduos naturais que se unificam e tendem ao todo. Esse movimento em direção ao todo é sempre natural, essencial e filosófico. É a guerra.

Dois anos depois, em uma nota acrescida ulteriormente ao §278, "*Der Staat als Subjekt der Souveränität*", de *Die Rechtsphilosophie von 1820* (assim nomeara este curso o editor Karl-Heinz Ilting),[28] Hegel explica o que entende por soberania. O terceiro dos cinco pontos denomina-se "*Der Idealismus der Souveränität*":

> O idealismo que constitui a soberania provém da mesma determinação segundo a qual, no organismo animal, as chamadas partes não são partes (*Teile*), mas membros (*Glieder*), momentos orgânicos. Ainda segundo essa determinação, também o isolamento e a subsistência-por-si dos membros é a doença (cf. *Enciclopédia*, §293).[29]

---

27 HEGEL, Georg Wilhelm Friedrich. *Vorlesungen über Naturrecht und Staatwissenschaft*: Heidelberg 1817/18. Hamburg: Felix Meiner Verlag, 1983, p. 253, t. 1.

28 HEGEL, Georg Wilhelm Friedrich. *Die "Rechtsphilosophie" von 1820, mit Hegels Vorlesungsnotizen*, 1821-1825. Stuttgart: Frommann-Holzboog, 1974, t 2.

29 HEGEL, Georg Wilhelm Friedrich. *Die "Rechtsphilosophie" von 1820, mit Hegels Vorlesungsnotizen*, 1821-1825. Stuttgart: Frommann-Holzboog, 1974, p. 738. Cf. também HEGEL, Georg Wilhelm Friedrich. *Grundlinien der Philosophie des Rechts*, Werke 7. Frankfurt am Main: Suhrkamp, 1986, p. 441.

Hegel provavelmente escreve essa expressão sob essa forma em 1825. Desde então, ela permaneceu intocada e foi impressa assim em todas as edições de sua *Filosofia do Direito*, no início do §278. Hoje, é possível considerar a gênese desse argumento como uma cristalização da analogia entre a soberania e o organismo (a organização, o corpo) e como uma descoberta da doença que liga dois níveis diferentes do sistema hegeliano.[30] Não há menção à doença nos cursos sobre o direito anteriores à essa versão de 1825, ainda que, em Hegel, a doença esteja presente, desde o início, como uma metáfora latente no domínio jurídico-político.[31] Por outro lado, em um texto precoce sobre o *Direito natural*, ele evoca a doença e estabelece a analogia sob a forma que ela receberá mais tarde; nesta época, contudo, faltam a Hegel as figuras da soberania e do organismo.

> A doença anunciadora da morte se declara quando uma parte dá a si própria a organização e se subtrai à dominação do Todo, que é negativamente afetado por esse isolamento, e que pode até mesmo ser forçado a se organizar em função desta força particular. O mesmo se passa quando a vida de uma víscera [*Lebendigkeit der Eingeweide*] habituada a obedecer

30 Nas lições de Berlim, publicadas a partir das notas de J. R. Ringier, Hegel menciona o organismo ("Wie im Organismus jedes Glied..."), seus membros e o sangue que corre e mantém unidos todos os órgãos. Cf. HEGEL, Georg Wilhelm Friedrich. "Vorlesungen über die Philosophie des Rechts". *In*: ______. *Vorlesungen*. Tomo 14. Hamburg: Felix Meiner Verlag, 2000, p. 194. No curso de 1822/1823 (a partir das notas de K. W. L. Heyse), em seu parágrafo 269, o organismo é mencionado, assim como a distinçãoentre *Glieder* e *Teile*.

31 Hegel encontra em Mendelssohn a analogia ou a origem da analogia entre nação e corpo. Eis aqui uma passagem célebre do texto de Mendelssohn de 1784, que Hegel recopia em 31 de maio de 1787: "*Eine gebildete Nation kennt in sich keine andere Gefahr, als das Übermaß ihrer Nationalglückseligkeit, welches, wie die vollkommenste Gesundheit des menschlichen Körpers, schon an und für sich eine Krankheit oder der Übergang zur Krankheit genannt werden kann*". Cf. HOFFMESTER, Johannes (Coord.). *Dokumente zu Hegels Entwicklung*. Stuttgart: Frommann-Holzboog, 1974, p. 142.

> ao Todo orgânico se constitui em ser vivo autônomo, ou quando o fígado se transforma em órgão dominante e coage toda a organização a servi-lo.[32]

Para Hegel, a doença (mas também as diferentes versões da hipocondria)[33] é, de fato, muito mais que um trauma que teria colocado sua vida em jogo; ela é a eterna companhia do filósofo e de sua filosofia. Hegel anuncia a unidade do Estado, ou a saúde e a unidade do organismo, por meio de uma abertura à possibilidade da guerra (§321-324). Mediante o sacrifício (*Aufopferung*), ajunta Hegel, o idealismo se realiza e se eleva ao real (ao espírito ou ao espírito do povo).[34]

O terceiro gesto hegeliano é igualmente difícil de ser situado no tempo. Ademais, esta passagem é fruto do trabalho de Ilting. De qualquer modo, trata-se do Hegel tardio, ou mesmo do último Hegel, e de uma parte de seu comentário do §273 da *Filosofia do Direito* ("*Die drei Gewalten*"), cujo título é: "*eine naturphilosophische Analogie*".[35] Hegel distingue ali os momentos abstratos do Estado (*gesetzgebende Gewalt, Regierungsgewalt, individuelle Gewalt*) e o conceito concreto de Estado como um todo vivo no qual cada momento organiza em si sua totalidade (*als lebendiges Ganzes jedes Moment in sich zu einer Totalität organisiert*). Hegel define

---

32 HEGEL, Georg Wilhelm Friedrich. "Über die wissenschaftlichen Behandlungsarten des Naturrechts". *In*: LASSON, Georg (Coord.). *Schriften zur Politik und Rechtsphilosophie*. Leipzig: Felix Meiner Verlag, 1923, p. 400.

33 Encontramos rastros da hipocondria no sistema hegeliano desde os cursos de Iena de 1803/1804. Cf. HEGEL, Georg Wilhelm Friedrich. *Jenenser Realphilosophie*. Leipzig: Felix Meiner Verlag 1931, p. 183, t. 1. Cf. ROSENZWEIG, Franz. *Hegel und der Staat*. Aalen: Scientia Verlag, 1962, pp. 101/102, t.1.

34 HEGEL, Georg Wilhelm Friedrich. *Vorlesungen über Rechtsphilosophie 1818-1831*. Stuttgart: Frommann-Holzboog, 1974, p. 669, t. 4.

35 HEGEL, Georg Wilhelm Friedrich. *Vorlesungen über Rechtsphilosophie 1818-1831*. Stuttgart: Frommann-Holzboog, 1974, p. 662.

a analogia filosófico-natural como corpo vivo (*lebendige Körper*) com três determinações. A segunda determinação (a primeira é a sensibilidade, isto é, a percepção, e a terceira é a reprodução) é a *Irritibilität* (irritabilidade) ou, como ele escreve, *Irratibilität*: "Esses momentos se determinam agora como sistema (...) da irritabilidade, um sistema abstrato, que tem o coração como seu centro, o sistema dos outros [*Diese Momente bestimmen sich nun als Systeme... das der Irratibilität ein abstraktes System welches das Herz zu seinem Mittelpunkte hat, das System der Andern*]".

O sistema dos outros ou o sistema do outro se acha no centro do corpo vivo ou do organismo vivo. O sistema do outro é o coração do Estado.

Todas essas condições postas por Hegel (há, de todo modo, muitas outras além das que acabo de esboçar) tornam mais inteligível a construção final, aquela que o próprio Hegel afirma se situar no §293 da primeira edição da *Enciclopédia* (ou §371 da terceira edição), "A doença do indivíduo". Hegel convida o leitor, enquanto contempla as figuras do Estado, da soberania, da guerra, do inimigo, do outro ou do sacrifício e da violência, a consultar as provas das teorias mais recentes sobre a doença, a farmacologia e as terapias alternativas; esse mesmo convite, entretanto, de maneira simultânea e paradoxal, representa um perigo para a consistência do sistema enquanto tal. A homeopatia,[36] outra palavra grega inventada – empregada em duas ocasiões por Hegel, que a explica em detalhes –, é uma estratégia que resolve um dos principais dilemas de sua filosofia política. Contudo, a homeopatia introduz um elemento mágico na dialética, exagerando a importância da analogia, a qual não se converte em um instrumento regulador do sistema, mas sim em um

36 O criador dessa palavra foi Christian Friedrich Samuel Hahnemann, um contemporâneo de Hegel. Em janeiro de 1832, cerca de um mês após a morte de Hegel, ele esteve em Berlim, e seus estudantes percorreram a Europa para tratar de pacientes do cólera que chegara à Europa ocidental vindo da Índia através da Rússia.

instrumento constitutivo, uma vez que a analogia é, ela própria, uma terapia. A analogia dá primazia ao mesmo, e não ao diferente ou ao outro; porquanto a homeopatia supõe a negação pelo mesmo e não pelo outro, pelo diferente ou pelo contrário, o que seria o próprio da alopatia.

O que deveríamos, então, encontrar nas terapias do organismo doente que, por si só, poderia explicar o misterioso veneno que aparece, de repente, em um Estado doente e em um Estado sem guerra?[37] Seria possível que, com este simples olhar em direção à medicina e à doença mortal, seja descoberto o segredo dessa estranha estratégia e do fantástico poder que tem o soberano de empreender uma guerra contra sua própria soberania, contra seu próprio povo? Em sua conferência de 5 de março de 1976 sobre a *Lógica* de Hegel, Levinas analisa esta famosa passagem da *Fenomenologia do espírito*:[38]

> Mas o espírito é, a um só tempo, a força do todo que volta a reunir as partes no Um negativo, que lhes dá sentimento de sua falta de autonomia e os conserva na consciência de receber sua vida somente no todo. A coisa pública pode, então, por um lado, organizar-se em sistema de autonomia pessoal e de propriedade, do direito das pessoas ou do direito das coisas; assim, pode dar autonomia aos modos de trabalhar para fins em princípio singulares – os modos de adquirir e fruir –, articulando-os em congregações próprias. O espírito da congregação universal é a *simplicidade* e a essência *negativa* desses sistemas que se isolam. Para não deixar que

37 O "veneno secreto" é, para Hegel, um segredo. Ele cita Gibbon: "A paz prolongada pode insinuar nas forças vitais de um império um veneno lento e secreto". (HEGEL, Georg Wilhelm Friedrich. "Über die wissenschaftlichen Behandlungsarten des Naturrechts". *In*: LASSON, Georg (Coord.). *Schriften zur Politik und Rechtsphilosophie*. Leipzig: Felix Meiner Verlag, 1923, p. 377). Derrida menciona essa passagem na página 117 de *Glas*.

38 LEVINAS, Emmanuel. *Dieu, la mort et le temps*. Paris: Bernard Grasset, 1993, pp. 95-97.

> se arraiguem e se fixem rigidamente [*einwurzeln und festwerden*] nesse isolamento, o governo [*die Regierung*] tem que estremecê-los de quando em quando em seu interior por meio da guerra [*durch die Kriege zu erschüttern*], tem que ferir e transformar, assim, a ordem que eles organizaram e o direito de autonomia [*Recht des Selbstständigkeit*]; quanto aos indivíduos que, mergulhando inteiramente aí, se apartam do todo e aspiram ao inviolável *ser-para-si* e à segurança da pessoa [*dem unverletzbaren Fürsichsein und Sicherheit der Person zusterben*], o governo lhes mostra, ao impor este trabalho, quem é seu senhor, a morte.[39]

Mas como isso é possível? Como ordena o governo ou o soberano de um Estado uma guerra a partir de outro Estado ou outros Estados? Como o "Soberano conservador" (a fórmula preferida de Hahnemann) é capaz de expor seu próprio corpo a um risco mortal e dar-lhe uma dose de guerra? Tem o governo relações secretas com o inimigo? Trata-se de um inimigo virtual e de um perigo virtual? O que ocorre com as vítimas e os sacrifícios? De que tamanho – é uma questão de montante, de número, de quantidade, de dose – deve ser a parte extraída do todo, de modo que o todo continue a ser um todo?

Tudo se passa como se, em Hegel, o espectro da analogia (e da doença) circulasse entre (seu) corpo e Estado, e como se essas linhas da *Fenomenologia do espírito* fossem precedidas pelas reflexões sobre a medicina e a terapia e por sugestões sobre o eterno doente. Ou inversamente: como se a sofisticada nova teoria do vencedor da guerra e da comunidade se incorporasse a uma nova prática médica – como se a política tivesse sempre a primazia e desse forma ao *bios*. No adendo ao §373, que trata dos três tipos de terapia, Hegel encontra, finalmente, uma confirmação. Esse parágrafo começa

39 HEGEL, Georg Wilhelm Friedrich. *Phänomenologie des Geistes*, Werke 3. Frankfurt am Main: Suhrkamp, 1976, pp. 334/335.

com frases que mal se distinguem das compreensões da doença e do remédio formuladas nas lições de Iena:[40]

> O remédio [*Heilmittel*] excita o organismo para superar uma excitação *particular* na qual está fixada a atividade formal do *todo*, e para produzir uma fluidez do órgão ou sistema particular no todo (...). O remédio opera assim porque é um estimulante (*ein Reiz*) difícil de ser assimilado e superado, e porque, com efeito, é oferecido ao organismo um elemento exterior [*ein Äußerliches*] contra o qual ele é obrigado a empregar sua força [*Kraft*]. Ao dirigir-se contra em elemento exterior, ele sai da limitação que se tornou idêntica a ele, na qual foi apanhado e contra a qual não pode reagir, na medida em que não é um objeto para ele.[41]

Este trecho é seguido, contudo, por este adendo:

> Na teoria homeopática, particularmente, propõe-se um remédio que tenha a capacidade de produzir a mesma doença em um corpo saudável. Uma vez enviado ao organismo, o veneno (*Gift*), que é uma substância geralmente oposta ao organismo [*dem Organismus Widriges*], faz com que esse estado particular no qual ele se encontra se torne um elemento exterior para ele [*für ihn etwas Äußerliches wird*]. (...) Assim, o remédio é esse mesmo elemento particular, mas com a diferença que, aqui, ele faz o organismo entrar em conflito contra sua determinante como algo estrangeiro; a força sã, portanto, é agora estimulada a voltar-se em direção ao exterior, e ela é obrigada a se recolher, a sair do estado de torpor no qual

---

40 HEGEL, Georg Wilhelm Friedrich. *Jenenser Realphilosophie*, t. 1. Leipzig: Felix Meiner Verlag 1931, pp. 174-187; HEGEL, Georg Wilhelm Friedrich. *Jenenser Realphilosophie*, t. 2. Leipzig: Felix Meiner Verlag 1931, pp. 167-174.

41 HEGEL, Georg Wilhelm Friedrich. *Enzyklopädie der philosophischen Wissenschaften II*, Werke 9. Frankfur am Main: Suhrkamp, 1974, pp. 529/530.

> caíra, a não se limitar a se concentrar em si, e digerir essa substância exterior [*jenes Äußerliche zu verdauen*]. Pois toda doença é uma hipocondria. (...) Como o remédio estimula-o a digerir esta substância, o organismo é trazido de volta ao círculo da atividade geral de assimilação, o que é obtido pela administração de uma substância bastante mais difícil de digerir que a doença [*ein noch viel stärkeres Unverdauliches als seine Krankheit ist*], e o obriga a concentrar suas forças para superá-la [*zu dessen Überwindung er sich zusammennehmen muß*]. Deste modo, o organismo se vê dividido em dois no interior de si. Pois, como o estado em que se encontrava antes torna-se exterior ao organismo, ele se duplica e existe, então, como forma vital e organismo doente (*als Lebenskraft und kranker Organismus*). Podemos chamar de mágica essa ação do medicamento. É como no magnestismo animal, no qual o organismo é colocado sob o poder de um outro homem [*unter die Gewalt eines anderen Menschen*]; pelo remédio, o organismo é colocado sob o poder de um mágico.[42]

Novamente, Hegel insiste que o vínculo entre doença e remédio é muito específico. Continua:

> É difícil dizer quais seriam agora os meios adequados [*Zu sagen, welches nun die rechten Mittel seien, ist schwer*] (...). A relação da doença com a medicina é, em geral, de natureza mágica [Das Verhältnis der Krankheit zur Arznei ist überhaupt ein magisches].[43]

Esse fragmento mágico, que Jacques Derrida notou e analisou parcialmente em *Glas* (ele menciona *en passant* a "homeopatia", a

---

42 HEGEL, Georg Wilhelm Friedrich. *Enzyklopädie der philosophischen Wissenschaften II*, Werke 9. Frankfur am Main: Suhrkamp, 1974, p. 532

43 HEGEL, Georg Wilhelm Friedrich. *Enzyklopädie der philosophischen Wissenschaften II*, Werke 9. Frankfur am Main: Suhrkamp, 1974, p. 532.

"hipocondria", a "hipnose", o sono restaurador),[44] é uma das últimas inovações do sistema hegeliano. A homeopatia é um acréscimo ao sistema e uma mudança de paradigma, ainda que Hegel não tenha tido o tempo de lhe dar um estatuto particular. A homeopatia é uma nova espécie de terapia. Mas não é uma terapia única capaz de substituir todas as demais, assim como uma outra terapia não poderia substituí-la também. Sua particularidade, sua simultânea combatividade e sofisticação, e sua magia residem tanto na influência do outro (ou na influência de um outro homem, outrem, pois o *outro* se torna *Outrem* aqui)[45] quanto em sua resistência, isto é, sua alergia ao outro. Hegel acredita ser capaz de subsumir e incluir novos problemas – como o não reconhecimento e a indistinção do mesmo e do outro, a passagem recíproca do mesmo ao outro, a cisão interna entre mesmo e outro ou, em uma palavra, a produção infinita do outro, da negação do outro e do poder dado ao outro de ser o portador da negação – em sua última e, por completo, surpreendente descoberta: a resolução da hipocondria *na* ou *por meio da* teoria da homeopatia.

A teoria da homeopatia, em nomenclatura hegeliana,[46] pode colocar fim a várias décadas de esforço para superar esta dolência, que, em um primeiro momento, Hegel considerou transitória e capaz de afetar, sobretudo, homens entre vinte sete e trinta e seis anos, isto é, na passagem da juventude à idade adulta.[47] Somente essa teoria

---

44 DERRIDA, Jacques. *Glas*. Paris: Galilée, 1974, p. 117.

45 No curso de 1818/1819, Hegel já escreve sobre a violência e o poder da magia sobre o organismo ou o poder do estrangeiro sobre o organismo. (HEGEL, Georg Wilhelm Friedrich. *Naturphilosophie, Berlin 1819/20*. Nápoles: Bibliopolis, 1980, §295).

46 Baader o chama de "método homeopático [*homöopatische Weise*]" e menciona logo sua importância em uma carta de 10 de julho de 1824. Cf. BAADER, Franz von. *Gesammelte Schriften*. Leipzig: Bethmann, 1859, pp. 415/416, t. 15.

47 A insistência e a generalização das próprias obsessões por parte de Hegel (que o convertem em um grande precursor de Freud) podem

seria capaz de desenredar a empreitada de Hegel (e não apenas a sua) em relação à compreensão do significado da doença enquanto tal: "toda doença é a hipocondria do organismo".

Desde as *Lições de Jena* até as lições sobre *Filosofia da natureza* em seus últimos anos, Hegel repete essa frase quase palavra por palavra. Ainda assim, a formulação que se encontra nas lições de 1819/1820 poderia mostrar, talvez, este outro potencial resolutivo da teoria homeopática. Hegel escreve:

> A finalidade da cura é que o organismo saia de si mesmo. A doença é uma hipocondria pela qual o organismo sente repulsão pelo mundo exterior [*durch die dem Organismus vor der Aussenwelt ekelt*]. Através da medicina, o organismo recebe um estímulo difícil de superar. Deste modo é obrigado a dirigir-se para fora e voltar a si mesmo [*Wodurch es genötigt wird, sich nach aussen zu wenden und zu sich selbst zurückkehren*]. A questão principal é que a *matéria peccans* seja eliminada.[48]

Permitamo-nos deixar de lado, por ora, o final dessa passagem com esse assunto decisivo do qual Hegel fala com frequência em suas lições. Parece que as várias associações e o trabalho, não comprovado, da analogia poderiam nos alijar de maneira definitiva

---

ser encontradas em uma carta ao médico e místico Karl Joseph Windischmann datada de 27 de maio de 1810, na qual ele fala de sua grande experiência com "várias doenças" e de seu padecimento. Hegel crê que a hipocondria é importante, senão vital, não apenas para seu próprio desenvolvimento, mas para o de qualquer pessoa. Por meio da análise do manuscrito hegeliano, Rosenzweig mostra as dúvidas do filósofo suábio, as modificações e a eliminação de pronomes pessoais, isto é, a sistemática "transformação do biográfico em universal" por parte de Hegel. Cf. HEGEL, Georg Wilhelm Friedrich. *Briefe von und an Hegel*. Band I: 1785-1812. Hamburg: Felix Meiner, 1952, pp. 313-315; ver também ROSENZWEIG, Franz. *Hegel und der Staat*. Frankfurt am Main: Suhrkamp, 2010, p. 137.

48 HEGEL, Georg Wilhelm Friedrich. *Naturphilosophie, Berlin 1819/20*. Nápoles: Bibliopolis, 1980, p. 178.

deste contexto (em direção ao sacrifício, *pars pro toto* etc.).[49] A técnica homeopática, anunciada e conquistada aqui, ainda que deva ser nomeada, resolve, em última análise, a relação entre o repouso em um resguardo homeopático e a sobreposição ao exterior. De maneira inicial, neste lugar, Hegel emprega o mundo de fora para este exterior, elucidando a hipocondria como repulsão. Embora use o verbo reflexivo "*durch die dem Organismus vor der Aussenwelt ekelt*" (em alemão contemporâneo isso se traduziria por "sich vor etwas ekeln [sentir asco por algo]"), o organismo descobre *a si mesmo* somente quando se vê forçado por outra coisa a voltar-se para o mundo exterior. O organismo volta a si mesmo só quando está fora de si e quando se volta para o mundo.

A descoberta do lugar da saída-de-si e da chegada do outro, a descoberta do mundo (veneno, terapia, doutor, o outro, o filósofo etc.) e a quase freudiana ruptura, a duplicação do organismo como força vital e organismo doente: tudo isso está em jogo em Hegel.

A homeopatia, como último acréscimo ao sistema, desconstrói o sistema hegeliano em várias etapas. Eu gostaria de mencionar e listar alguns destes momentos:

- a homeopatia é introduzida no sistema como uma terapia no quadro da doença do organismo, do insucesso do tratamento, da morte e da aparição do espírito;

49 De maneira significativa, dois anos mais tarde, em seu curso de 1821/1822, Hegel fala com maiores detalhes da repulsa animal, repulsa que conduz à divisão do animal, brincando com o verbo *exkre-tieren*. Cf. HEGEL, Georg Wilhelm Friedrich. "Wintersemester 1821/1822. Nachschrift – Boris von Uexküll – mit Varianten aus zwei anonymen Nachschriften". *In*: ______. *Vorlesungen über die Philosophie der Natur I Nachschriften zu den Kollegien der Jahre 1819/20, 1821/22 und 1823/24*. Hamburg: Felix Meiner, 2012, pp. 461 e ss.

– a homeopatia é esta espécie de terapia que conta com a unidade e a totalidade de todo o organismo (esta é, normalmente, sua diferença principal em relação à alopatia);

– como terapia, como algo artificial – isso significa que essa estratégia pressupõe o sujeito ou o soberano (o cérebro, a *ratio*, o filósofo, o homem de Estado) capaz de se ocupar somente de si (de seu corpo, de seu organismo, de seu texto, de seu sistema, de sua soberania, de seu povo) –, suas estratégias e suas consequências são necessariamente políticas;

– assim como Hegel remetera o leitor da *Filosofia do Direito* ao parágrafo de sua *Filosofia da natureza*, seu primeiro discípulo – e primeiro desconstrutor de seus textos – fabricou uma contra-analogia: às margens do livro *System der Philosophie* (1841), Karl Ludwig Michelet ajunta as seguintes notas ao adendo de Hegel ao §373:

> Isso não contradiz o que se dissera imediatamente antes, a saber, que o veneno como medicamento está presente sob uma forma menos potente [*in minder mächtiger Form vorhanden ist*]; pois, precisamente porque o veneno mais forte se apresenta sob uma forma menos potente [*denn eben weil das stärkere Gift in minder mächtiger Form*], ele é um simples inimigo externo [äußerer Feind] que será, na sequência, mais facilmente sobrepujado [überwunden werden) que o inimigo interno, que é a doença ela própria [(*als der innere Feind, welcher die Krankheit selber ist*].[50]

– a estratégia homeopática retifica a ideia que Hegel tinha da doença em um de seus primeiros textos, o qual permaneceu inalterado: a doença de um organismo é a consequência, em

50 HEGEL, Georg Wilhelm Friedrich. *System der Philosophie, Sämtliche Werke*, t. 9, Zweite Teil, Naturphilosophie, mit einer Vorwort von K. L. Michelet. Stuttgart: Frommann, 1965, p. 712.

última instância, do inorgânico contido em si por um organismo ("*Der Organismus hat nun seine unorganische Potenz an sich selbst, so bezieht er sich als ein Unorganisches auf sich*").[51] O drama da doença e depois da morte sobrevém em razão do inorgânico que não é completamente superado. Os sintomas do inorgânico são a divisão do organismo, a hipocondria e o isolamento dos membros do organismo. A intervenção homeopática que lhe sucede age em diversos níveis: ela ressalta a) que o outro (cujo protótipo é o inorgânico) não pode ser incorporado e assimilado por completo; b) que existe um resto, um resíduo ou uma negação que não é levada em consideração no sistema ou no organismo, e que não serve para nada;[52] que existe um exterior ("*das Äusserliche ist so für mich ein Anderes aber ein ideelles Anderes*"),[53] um outro, o espiritual (*Geistiges*),[54] um remédio, um estrangeiro, um veneno, um inimigo que é *par excellence* impossível de ser digerido pelo organismo e que é, portanto, impossível de ser incorporado (assim é encontrada a ideia de um outro absoluto que, sozinho,

---

51 Essa é uma formulação que aparece nas *Vorlesungen* de Hegel. Cf. HEGEL, Georg Wilhelm Friedrich. "Wintersemester 1821/1822. Nachschrift – Boris von Uexküll – mit Varianten aus zwei anonymen Nachschriften". *In*: ______. *Vorlesungen über die Philosophie der Natur I Nachschriften zu den Kollegien der Jahre 1819/20, 1821/22 und 1823/24*. Hamburg: Felix Meiner, 2012, p. 178.

52 Em 1985, em uma entrevista concedida em alemão a Christoph von Wolzogen, Levinas fala de uma negação similar encontrada na *Estética* de Hegel. (LEVINAS, Emmanuel; WOLZOGEN, C. "Intention, Ereignis und der Andere. Gespräch zwischen E. L. und C. von W.". *In*: LEVINAS, Emmanuel. *Der Humanismus des anderen Menschen*. Hamburg: Felix Meiner, 1989, p. 137).

53 HEGEL, Georg Wilhelm Friedrich. "Wintersemester 1823/1824". *In*: ______. *Vorlesungen über die Philosophie der Natur I Nachschriften zu den Kollegien der Jahre 1819/20, 1821/22 und 1823/24*. Hamburg: Felix Meiner, 2012, p. 726.

54 HEGEL, Georg Wilhelm Friedrich. *Naturphilosophie, Berlin 1819/20*. Nápoles: Bibliopolis, 1980, §295.

pode provocar uma entidade, sem dela, fazer parte: o outro como *laxante*, o outro que não pode ser comido, o outro que não pode ser se não um excremento [*Exkretion*]);[55] d) que a exterioridade é análoga (mas não idêntica) à interioridade e que ela é, por essa razão, o outro (o mesmo) que se soma ao organismo doente em analogia com o inorgânico já presente no organismo; e) que o outro ou o inimigo é uma função e que ele é virtual.

"O que interessa ao homem é seu outro [*was den Menschen interessiert ist sein Anderes*]", diz Hegel.[56] O outro não é, mas sua silhueta já está delineada e clara, seu lugar já determinado, sua independência em curso. Ainda que o outro seja uma função constitutiva do organismo, ainda que ele não conceda a vida – ele não possui a vida, a energia vital – sua tarefa na formação do sujeito não possuíra, anteriormente, o papel que lhe é conferido na construção homeopática.

Essa construção está presente, implicitamente, na reviravolta Rosenzweig-Levinas. De forma mais precisa, é somente graças aos acréscimos tardios de Hegel, dos quais eles jamais falaram diretamente, que suas intervenções e terapias se tornam possíveis. Isto se vê em sua forte resistência a Hegel, bem como em sua insistência a respeito de uma terapia em tudo oposta ao que há de essencial e puramente "hegeliano" na filosofia ou no pensamento. Embora tenhamos razões para traçar limites a essa inversão de Hegel e para formular reservas quanto aos resultados atingidos (não seria isto,

---

55 Ver o capítulo intitulado "Prozess der Gattung" em HEGEL, Georg Wilhelm Friedrich. "Wintersemester 1821/1822". *In*: ______. *Vorlesungen über die Philosophie der Natur I Nachschriften zu den Kollegien der Jahre 1819/20, 1821/22 und 1823/24*. Hamburg: Felix Meiner, 2012, pp. 461 e ss.

56 HEGEL, Georg Wilhelm Friedrich. "Wintersemester 1823/1824". *In*: ______. *Vorlesungen über die Philosophie der Natur I Nachschriften zu den Kollegien der Jahre 1819/20, 1821/22 und 1823/24*. Hamburg: Felix Meiner, 2012, p. 730.

afinal, o que Derrida tenta fazer constantemente ao ler Levinas?), talvez seja ainda necessário defender o porvir desta ação apenas iniciada.

Rosenzweig e Levinas se completam, a um só tempo, em sua resistência e em sua conversão às posições de Hegel. É possível demonstrar, sistematicamente, a complementaridade e a simultaneidade de toda uma série de elementos: a reconstrução de Rosenzweig e a inversão da figura hegeliana da soberania (de sua analogia com o organismo);[57] o deslocamento que Levinas opera no conceito hegeliano de sacrifício pela pátria por meio do encontro com o outro (outrem); a maneira com que Rosenzweig reformula, com Benjamin, a relação entre a violência (*Gewalt*) e o direito; a tentativa de Levinas de pensar, em novos termos, a negação sem deixar, contudo, de louvar o esforço de Hegel; a insistência de Rosenzweig sobre a vida; as páginas de Levinas sobre a guerra em *Totalidade e infinito*[58] etc. Provavelmente existe, para além dos temas, uma proximidade imanente a todos esses esforços (Derrida diria, talvez, que essa proximidade é "empírica"): Rosenzweig formula este primeiro ato da filosofia e do pensamento anti-hegeliano baseando-se no fato de que está vivo (e filosofa); para Levinas, por outro lado, esse primeiro ato deve se elevar contra a filosofia, contra Hegel, a fim de proteger a vida do outro e defender, assim, a subjetividade. Rosenzweig escreve ao diretor do sanatório em que deve ingressar o filósofo doente (e não só o filósofo, é claro; a ideia de Rosenzweig é que só o sentido comum e o poder da vida podem remediar a "doença da razão"):

> Bem sabemos que a cura de um entendimento enfermo reside apenas na reinserção – pela força, caso não haja alternativa – do paciente em seu meio normal. O problema não é de

57 ROSENZWEIG, Franz. *Hegel und der Staat*. Frankfurt am Main: Suhrkamp, 2010, pp. 402-406 e 414-418.

58 LEVINAS, Emmanuel. *Totalité et infini*: essai sur l'extériorité. Paris: Kluwer Academic, 1961, p. 263.

> inculcar-lhe com aquilo que lhe falta, mas sim de "reinseri-lo" naquilo que abandonou. "Uma cura *in loco*": este deveria ser o slogan com o qual nos oporíamos aos malfeitos das curas, antigas e novas, fundadas em vacinas, injeções e unguentos.[59]

Este é o "vento" de que fala Levinas: "uma subjetividade livre como o vento [*subjectivité libre comme le vent*]".[60] A abertura ao outro começa com a respiração, com os pulmões (os pulmões são o verdadeiro sujeito e o verdadeiro começo, o começo que precede todo começo) e se manifesta como *fissão do sujeito*, *fissão do si mesmo*, *fissão do sujeito para além do pulmão*.[61] A resistência a Hegel começa com a desconfiança em relação à medicina e suas práticas ordinárias. O primeiro gesto de Levinas está destinado a demolir "a associação de filosofia e Estado, de filosofia e medicina [*l'association de la philosophie et de l'État, de la philosophie et de la médecine*]". Só neste contexto, no qual a filosofia se separa, necessariamente, do Estado e da medicina, pode-se compreender o engajamento surpreendente de Levinas e sua alergologia alternativa.

---

59 ROSENZWEIG, Franz. *Das Büchlein vom gesunden und kranken Menschenverstand*. Frankfurt am Main: Suhrkamp, 2019, p. 58.

60 LEVINAS, Emmanuel. *Totalité et infini*: essai sur l'extériorité. Paris: Kluwer Academic, 1961, p. 7.

61 Está em questão a respiração e a suspensão da respiração. "A aproximação do próximo [*l'approche du prochain*]" produz inquietude no corpo próprio. A resistência de Levinas às proporções e às teorias do organismo é facilmente reconstruída nos textos que lhe são próximos. Os primeiros protótipos cabalísticos da teoria do organismo soberano se distanciam de sua posição (por exemplo Isaac Luria que interroga, no séc. XVI, o corpo vivo, *nefesh hayya*, utilizando a analogia dos 613 mandamentos da Torá e as 613 supostas partes do corpo humano), assim como as concepções orgânicas da comunidade nas quais a responsabilidade é exclusivamente proporcional. Maharal de Praga (Yehuda Loew), por exemplo, elabora um fragmento do *Midrash* ("se alguém comete um erro, nós todos o sentimos") empregando uma analogia com o laço de proximidade entre os órgãos de um organismo (*Netivoth Olam*, comentário de *Sabbath* 54b). Ele é o primeiro a falar de responsabilidade infinita.

Trata-se, mais precisamente, da palavra contra a alergia (contra uma "insuperável alergia [*une insurmontable allergie*]"),[62] do discurso contra a alergia e, portanto, do clamor simultâneo ao relaxamento e à vigilância.

> O esforço deste livro [*Totalidade e infinito*] tende a ver, no discurso, uma relação não alérgica com a alteridade, a perceber o Desejo – onde o poder essencialmente mortífero do Outro se torna, em face do Outro e "contra todo bom senso", impossibilidade do assassinato, consideração ao Outro ou justiça.[63]

Entretanto, o chamamento de Levinas a nulificar a alergia ao Outro (a alergia não se conecta somente ao "Outro", mas a palavra "Outro" ou "absolutamente Outro", o "Todo-Outro" torna mais clara a intenção de Levinas) pertence, ainda, às alergologias? O engajamento que se opõe a toda espécie de alergia (isto é, o engajamento dito ético) ou, em outras palavras, a "alergia da alergia" pertence ao domínio da alergologia? A antialergia, ou contra-alergia é ainda uma alergia? E este resto de alergia, essa resistência a toda espécie de alergia ao outro seria a última chance do sujeito? A "defesa da subjetividade" de que fala Levinas no prefácio de *Totalidade e infinito* pode começar assim?

Tudo se passa como se houvesse algo de incorreto e suspeito em tematizar essa resistência preliminar e essa insatisfação quanto ao estatuto do outro; como se houvesse algo de perigoso em fazer essas perguntas, algo que ultrapassa, trai e embaraça Levinas. Todas essas questões, bem como a atenção que eu dirijo obstinadamente a um momento confuso que precede, em Levinas, a alergia ao outro

---

62 "A filosofia está tomada, desde sua infância, por um horror ao Outro que permanece Outro, por uma alergia insuperável". (LEVINAS, Emmanuel. *En découvrant l'existence avec Husserl et Heidegger*. Paris: Vrin, 2001, p. 263).

63 LEVINAS, Emmanuel. *Totalité et infini*: essai sur l'extériorité. Paris: Kluwer Academic, 1961, p. 44.

(isso pode ser uma "alergia à alergia" ao outro, ou uma alergia cujos traços permanecem, mesmo quando já não há alergia nem outro), eu me arrisco a qualificá-los como protocolo filosófico. Esse *momento* (de novo Hegel e seus *Momente*) guarda uma relação com a filosofia e com a leitura pertencente ao "regime filosófico", pois ele tematiza o não tematizado (por exemplo, uma alergia que precede a alergia de que fala incessantemente Levinas). Isso, porém, não é tudo. Trata-se igualmente da objetivação, da redução, da abertura de um horizonte, da violenta descoberta da violência (da violência da alergia e da violência que é dissimulada ao não ser qualificada de alergia). Somente o filósofo, e talvez somente Hegel possa pronunciar a frase que pronuncia Derrida: "Levinas é muito próximo de Hegel, muito mais próximo do que ele gostaria, e isso ocorre no momento em que ele se opõe a Hegel da maneira mais radical". Não nos resta nada mais, a não ser experimentar esses momentos dos quais não sabemos quem é responsável: eu, Levinas, Derrida, Hegel, ou somente Hegel, Hegel, e ainda e sempre Hegel? Como ler novamente à maneira de Derrida ou de Hegel (como tematizar sem qualquer tematização) o estatuto da alergia em Levinas ou em Hegel e, ao mesmo tempo, conservar a resistência radical a Hegel, a Levinas ou a Derrida? Tal questão pode somente ser precedida por novas questões e novas respostas ligadas à alergia de antes da alergia, à violência de antes da violência, ou, de forma mais geral, aos atributos da violência.

Se nós mimetizarmos, momentaneamente, a leitura de Derrida e o protocolo da filosofia, seguem-se, então, consequências em tudo diferentes. E Hegel deixará de estar sozinho na proximidade de Levinas. Eis algumas etapas desse momento único:

– Levinas introduz a alergia como uma estratégia negativa e nos conclama (trata-se de um vocativo) à resistência, à negação ou à alergia à própria alergia. O outro não se tematiza e "não se põe" no acusativo; é, antes, a negação do outro que se tematiza ou somente a alergia ao outro. A tematização sem tematização é alcançada, em Levinas, pela rápida mudança de plano e pela passagem do acusativo ao vocativo, a saber, pelo chamamento à negação da negação (a alergia à alergia).

– Somente quando este chamamento é negligenciado é que se força para fora da cena o vocativo e a noção de "Outro" é entregue ao meio hegeliano (onde o outro é a minha negação, onde o outro é negação do mesmo). Aí Levinas está próximo de Hegel e envolvido no quadro hegeliano da negação da negação.

– Neste caso, e somente neste caso (que é também o caso em que se veem omissões, pontos cegos, lacunas, ignorâncias, inconsciências, campos não tematizados etc.), o sujeito será constituído no processo de descoberta do outro, logo no processo de redução a nada da negação ou de tudo aquilo que nega o outro. O sujeito se afirma (ele é defendido) enquanto reduz a nada o que nega o outro, enquanto ele é alérgico a toda alergia ao outro. Em outras palavras, o sujeito preserva o outro somente à medida que reduz a nada tudo o que nega o outro.

– Agora seria mais fácil introduzir dois novos elementos desenvolvidos tanto por Levinas – antes e depois da intervenção de Derrida – quanto por Derrida: a) que a violência é necessária, que o sujeito é violento, que existe de forma separada uma violência que é necessária e que precede toda violência possível, complementar da violência da tematização (o esforço de Derrida consiste em dessubstancializar a violência em Levinas, em encontrar para ela um ou mais atributos suportáveis;[64] parece-me, entretanto, que sua intervenção não se justifica até o fim); b) que a possibilidade da violência sobrevém sempre com

---

64 É provável que o modelo das intervenções e da dissecação do termo levinasiano "violência", por parte de Derrida, tenha sido a desconstrução da figura da *Gewalt* empreendia por Heidegger em *Introdução à metafísica*. Não nos esqueçamos que, em seu último seminário de 2002, Derrida promete um retorno à *Gewalt* de Heidegger.

o terceiro, isto é, com aquele que nega o outro[65] – este poderia ser o lugar da alergia (com o tempo, Levinas reconhece, no Estado e na violência legítima do Estado, o sujeito da violência ou o sujeito violento que defende o próximo:[66] a sensibilidade, o esforço e o engajamento de Derrida em relação a Israel e à Palestina é sempre um diálogo com Levinas).

Portanto, ainda que entre Rosenzweig e Levinas, entre duas modalidades de uma só e mesma intervenção sobre a qual eu insisto, a figura do outro tenha se tornado diferente e mais perigosa que nunca,[67] parece-me que não há lugar para dúvida: em primeiro lugar, a alergia de Levinas se refere, definitivamente, à "teoria do Outro" em Hegel; em segundo lugar, para Levinas, a alergia é o

65 "A violência é originalmente justificada como a defesa do outro, do *próximo* (seja ele meu familiar ou meu povo!), mas é violência para alguém". (LEVINAS, Emmanuel. *Altérité et transcendance*. Paris: Fata Morgana, 1995, p. 174). A legitimação da violência sobrevém com o terceiro que é negado pelo outro. "Minha resistência começa quando o mal que ele me faz é feito a um terceiro que é, também, meu próximo. O terceiro é a fonte da justiça: é a violência sofrida pelo outro que justifica que interrompamos a violência da violência do outro". Cf. LEVINAS, Emmanuel. *De Dieu qui vient à l'idée*. Paris: Vrin, 1982, p. 134. Ver também o texto "*Paix et proximité*" presente no citado *Altérité et transcendance* (p. 150).

66 LEVINAS, Emmanuel. *Entre nous*: essais sur le penser-à-l'autre. Paris: Grasset, 1991, p. 115.

67 Não penso apenas nas guerras ou nos graves crimes que dividem Rosenzweig e Levinas, mas também nas "contribuições" à "teoria do outro" em autores próximos de Levinas ou que ele houvera lido. Cada um desses autores determina o outro como um inimigo, mas não exclusivamente como um inimigo que se deva aniquilar ou assimilar, senão antes como um inimigo que aniquila e ataca. Não está claro nem que Levinas tivesse lido Schmitt, mencionado por Meinecke, nem que tivesse lido Jünger, cuja análise dos heróis, da guerra e da paz pode ser sentida em *Totalidade e infinito*, nem que tivesse conhecido certas posições sobre o inimigo que Heidegger expressou em seu seminário de 1934 (GA 36/37), nem que tivesse consultado os manuscritos de Husserl de 1934 ("*Feindschaft ist die totale Negation des anderen Seins in allen seinen Lebensbetätigungen*", E III 8, p. 12).

sinônimo perfeito da homeopatia em Hegel: a reação tumultuosa e a alergia ao outro, ao remédio/veneno não é essencial para Hegel? A provocação à resistência e à alergia do organismo em relação ao outro não é a essência da terapia homeopática?; em terceiro lugar, a substituição da homeopatia pela alergia em Levinas inverte Hegel, pois o que é terapia, em Hegel, torna-se doença em Levinas; em quarto lugar, o passo dado por Levinas e a oposição à alergia são mais que uma simples oposição à homeopatia: a alergia pressupõe a inocuidade e a inocência do outro, enquanto a antialergia exige que se interroguem as ficções secretas e os fantasmas relativos ao risco e à toxicidade do outro; em quinto lugar, a concentração, em sua própria resistência e na alergia ao outro, libera o outro e o deixa em paz: o outro (em Hegel como em Levinas, "o outro inassimilável") contribui à constituição de uma nova subjetividade em Levinas, mas não mais como construção homeopática, a saber, como o outro (o inimigo) que bombardeia e ataca de maneira ficcional o organismo.

> A relação com o Outro – absolutamente outro – que não possui fronteiras com o Mesmo não se expõe à alergia que aflige o Mesmo em uma totalidade e sobre a qual se baseia a dialética hegeliana. O outro não é, para a razão, um escândalo que a coloca em movimento dialético (...). O pretenso escândalo da alteridade supõe a identidade tranquila do Mesmo, uma liberdade segura dela mesma que se exerce sem escrúpulos e à qual o estrangeiro só traz embaraço e limitação.[68]

Essa citação de Levinas nos fornece um bom exemplo da simplicidade da inversão de Hegel. Se se deve esboçar um lugar para um novo leitor (terapeuta, imunologista), este leitor ainda deverá pensar verdadeiramente essa grande distância – de um lado, a ausência de fronteira entre o outro e o mesmo, de outro a "alergia que aflige o Mesmo".

---

68 LEVINAS, Emmanuel. *Totalité et infini*: essai sur l'extériorité. Paris: Kluwer Academic, 1961, p. 226.

No livro em que dá adeus a Levinas, Derrida circula inúmeras vezes ao redor da alergia e descreve, assim, o passo a ser dado para que o outro se libere para sempre da responsabilidade do limite, da alergia, da aflição e da dor. A introdução ou o esboço de introdução (ou somente "o esboço do esboço") de um nome que designa uma doença extremamente rara é um acréscimo ou um substituto da alergia. Com efeito, é muito difícil traçar o limite entre a alergia e a autoimunização. A alergia é somente uma das doenças autoimunes ou a autoimunização é um aspecto específico de toda alergia? A resposta é profundamente complexa. Mas o momento decisivo reside na ênfase dada a este *auto-*, e está aí o acréscimo essencial feito a Levinas. A precisão da intervenção de Derrida é múltipla: *immunis* supõe somente uma parte do organismo ou do sistema; esta parte é valorizada por um estatuto especial (razão pela qual ela se chama sistema imunitário); é uma parte cuja característica principal não é somente a de proteger o todo do sistema próprio, mas é uma parte para onde vem o outro e onde o outro é reconhecido como outro;[69] uma parte que reconhece o outro apresenta, ao mesmo tempo, seu próprio limite; o sistema imunitário pode reconhecer ou não reconhecer o outro e pode, também, não diferenciar seus próprios elementos destrutivos (câncer ou AIDS); essa parte pode proteger o sistema próprio do outro e pode, igualmente, tolerar o outro; o sistema imunitário pode ser adormecido ou sedado ("a dessensibilização") e pode tolerar o outro para além do limite (para "facilitar a tolerância de certos transplantes de órgãos") ou para além de todo limite, produzindo o outro em si mesmo ou por si mesmo (*horror autotoxicus*)[70] para, em seguida, destruí-lo.

Derrida raramente utiliza o nominativo ("autoimunidade") e insiste no processo ou na lógica autoimunitária, servindo-se de

---

69 "As substâncias imunológicas (...) buscam o inimigo como se fossem vassouras mágicas" (Paul Ehrlich).

70 Mais uma expressão de Paul Ehrlich. Cf. SILVERSTEIN, Arthur M. *A history of immunology*. Londres: Academic Press, Inc., 1989, p. 160.

diferentes descrições excessivas (a lógica aterrorizante, fatal, suicidária, estranha, indispensável etc.). Ele repete o gesto de Levinas ou de Michelet, remetendo essa lógica ao campo político-jurídico – em que ela nasce – a fim de aproveitar as construções e os mecanismos médico-biológicos associados à doença (em sentido inverso, também Hegel confirma essa tática: a homeopatia não é importada da terapêutica para a lógica política do soberano ou do filósofo, mas sim o contrário).[71] Mas, a partir daí, mudando de contexto, essa doença bastante rara, ou essa rara família de doenças se torna, de repente, algo necessário e elementar no interior de uma comunidade, de uma sociedade ou de um Estado. Tudo isso aparece como algo absolutamente confuso e violento, incluindo a definição dessa lógica que Derrida insiste em repetir ("o processo de autoimunização, que nos interessa particularmente aqui, consiste em um organismo vivo se proteger, em suma, contra sua autoproteção destruindo suas próprias defesas imunitárias").[72] Falta, todavia, a Derrida o vocativo de Levinas e todo tipo de chamamento à negação dessa autonegação destrutiva. Não há chamamento ao isolamento e à destruição dessa lógica, uma vez que Derrida dela trata sempre no acusativo, como um fenômeno que ocorre por toda parte no Estado, de forma contínua e simultânea ("Uma vez mais, o Estado é simultaneamente autoprotetor e autodestruidor, remédio e veneno. O *pharmakon* é um outro nome, um velho nome para a lógica autoimunitária").[73]

---

71 SILVERSTEIN, Arthur M. *A history of immunology*. Londres: Academic Press, Inc., 1989, p. 1.

72 DERRIDA, Jacques. *Foi et savoir*. Paris: Seuil, 2000, p. 133. A polícia não destrói a polícia, nem o sistema imunitário destrói o sistema imunitário. Quando recebem informações incorretas das células de monitoramento, as denominadas células assassinas não destroem a si mesmas, mas sim outras células vivas, sãs, do mesmo organismo vivo. Há uma desorganização nos níveis, substituição do suicídio pelo assassinato, um câmbio e uma desordem na identidade, e, por óbvio, um desvio completo quanto à noção de subsistência.

73 DERRIDA, Jacques *et al*. *Le "concept" du 11 septembre*: dialogues à New York avec G. Borradori. Paris: Galilée, 2004, p. 145.

O que é, entretanto, fatal nessa lógica, se ela puder, ainda, ser tematizada e levada em conta no "sistema vivo" ou no "organismo vivo"? O que há de fatal nessa "lógica fatal" autoimunitária? O excedente de violência, a violência que não pode pertencer a nenhuma economia da violência, obriga Derrida a se corrigir. Eis o que ele escreve em *Voyous*:

> Pois o que chamo de autoimunitário não consiste somente em se lesar, se arruinar, ou destruir as próprias proteções, e em fazê-lo por si mesmo, em se suicidar ou em ameaçar fazê-lo, mas sim, de forma ainda mais grave e por essa mesma razão, em ameaçar o eu ou o si, o ego ou o autor, a própria ipseidade, a atacar a imunidade do *autos* ele próprio: não apenas em se autoatacar, mas em atacar o autor – e, logo, a ipseidade também. Não apenas em se suicidar, mas em comprometer a *suireferencialidade*, o si do próprio suicídio. A autoimunidade é mais ou menos suicidária, mas é ainda mais grave: a autoimunidade sempre ameaça privar o próprio suicídio de seu sentido e de sua suposta integridade.[74]

Parece que é somente agora que o círculo da violência ao outro poderia se fechar. A radicalidade do questionamento de si que suprime a fronteira entre Mesmo e Outro em Levinas é agora colocada às claras. A origem da violência que a autoimunologia busca tematizar deve ser verdadeiramente pensada de novo por meio de uma confrontação com a hipocondria, entendida como autoassimilação e como protótipo de toda doença em Hegel. Mas isso não basta. O sucesso que encontra a homeopatia em pacientes de doenças autoimunes (tais testemunhos e tais experiências não deveriam ser relegados ao segundo plano) confirma a presença de Hegel e exige de nós a descoberta de uma nova radicalidade.

"Derrida é muito próximo de Hegel, muito mais próximo do que ele gostaria de admitir...".

---

74 DERRIDA, Jacques. *Voyous*. Paris: Galilée, 2003, p. 64.

CAPÍTULO II

TRADUZIR A GUERRA NA PAZ: *QUID PRO QUO*

Como formula Rosenzweig sua resistência a Hegel? Podemos seguir os passos de Rosenzweig na hora de traduzir a guerra soberana de Hegel na paz? A palavra "tradução" designa e promete equilíbrio e paz. No entanto, ao menos por duas razões paradoxais e bastante triviais, a palavra é imprecisa: em primeiro lugar, há algo de intraduzível que, contudo, deixa certo rastro na tradução; e, em segundo lugar, aquilo que deve ser traduzido já é a tradução de algo outro (quer seja algo anterior, quer seja algo por vir). Se, por exemplo, a guerra é traduzida ou transformada em paz, então a paz, além do fato de provir da guerra, contém a guerra e carrega seus rastros intactos e "autênticos" (intraduzíveis).[75] Assim mesmo, talvez a guerra já seja a "tradução" de algo muito mais terrível do que a guerra ou de algo mais santo que a paz. O que é, contudo, verdadeiramente "pacífico", na palavra "tradução", diz respeito à constante promessa de que a "tradução" – por exemplo, "a tradução da guerra em paz",

75 "A paz dos impérios saídos da guerra repousa na guerra". Cf. LEVINAS, Emmanuel. *Totalité et infini*: essai sur l'extériorité. Paris: Kluwer Academic, 1961, p. 6.

ou seja, o estatuto por vir da paz – seja eventualmente possível e realizável. A tradução é sempre um projeto inacabado que conclama e provoca a paz. Uma tradução, enquanto tal, pacifica e apazígua algo que parecia completamente estranho e inaceitável. No entanto, o *contra*projeto ou a *contra*instituição da tradução (como o "militarismo") concerne sempre ao retorno ao original. "Voltar atrás", "traduzir uma vez mais", "verificar de novo", "voltar ao original", "voltar constantemente a um lugar anterior ao *original*" – todas essas operações invertem e colocam, em questão, a tradução como projeto de paz.

Essa analogia e essa *contra*-analogia[76] da "tradução" e do "retorno" são concebidas para captar e exprimir alguns "gestos" antigos que os mais célebres projetos de paz contêm e repetem. Trata-se de "gestos" e de "comandos" que, em maior ou menor medida, implicam sempre a violência. Em outras palavras, um texto que reclama e anuncia a paz diagnostica, no mesmo gesto, que a paz não existe, que a paz ainda não está presente, e que é necessário que algo seja feito para que ela advenha.[77] O que deve ainda se produzir

---

76 Há que se ter constante cuidado com a manipulação por analogias em textos que falam de paz: a tradução trai o original, por exemplo; a tradução em si pode ser brutal e violenta, ao contrário do regresso "pacífico" ao "primeiro" original. Cf. *Soferim*, capítulo 1, §§7 e 8.

77 Ou também que algo seja "feito" mesmo antes da leitura de certo texto (de estatuto bastante incerto) em que a paz aparece, um texto em que os filósofos "anunciam a paz" ou "deduzem uma paz final da razão" (LEVINAS, Emmanuel. *Totalité et infini*: essai sur l'extériorité. Paris: Kluwer Academic, 1961, p. 7), um texto que anuncia uma paz que não pode ser baseada unicamente na razão humana ("Der Friede darf nicht allein auf menschliche Vernunft gegründet sein", JÜNGER, Ernst. *Der Friede*: SW, vol. 7. Stuttgart: Cotta, 1980, p. 225), um texto cujo escrita se vê sempre privada de papel (cf. os *Pariser Tagebücher* de Ernst Jünger e as notas de 05/01, 18/08 e 26/07/1942 nas quais se evoca a redação do texto *Der Friede*, cujo pseudônimo é *L'appel*). Um texto sobre a paz deve ser muito simples e compreensível, claro e direto (Jünger, 27/07/, 28/07/, 06/09/1943), tal como os acordos e tratados de paz devem ser redigidos de tal forma que qualquer interpretação incorreta torne-se

para que a paz advenha não tem por única consequência que um texto sobre a paz seja sempre o esboço de um texto futuro. Ainda que o projeto de paz seja sempre provisório (com uma miríade de elementos e hipóteses não definidos, e na espera de um "definitivo" absoluto) e não testamentário, ainda que ele seja, por excelência, um texto que se esforce sem jamais conseguir ser absolutamente definitivo e obrigatório, isto é, testamentário, este apelo à paz que já exige, em si mesmo, uma resposta não exclui incondicionalmente a violência para que a paz "se realize". É bastante provável que essa ideia problemática (a ideia de que a centralização ou a monopolização da violência, da quantidade de violência, de sua dosagem, a ideia de que a "terapia de choque" pela violência ou a diminuição gradual da violência conduz ao "estado" de paz)[78] provenha, antes

impossível (Kant); um texto sobre a paz deve ser escrito de forma realista e por um "autor consciencioso [*consciencious writer*]" que pensa no amanhã, enquanto o "pacifismo utópico é, em todo caso, um perigo grave" (KELSEN, Hans. *Peace through Law*. Chapel Hill: Un. Press of North Carolina, 1944, p. viii).

78 "Peace is a condition in which there is no use of force. In this sense of the word, the law provides only relative peace, in that it deprives the individual of the right to employ force but reserves it to the community. The Peace of law is not a state of absolute absence of force, a state of anarchy, but rather is a state of monopoly of force, a monopoly of force by the community. (...) There is no state of law, which, in the sense developed here, is essentially a state of Peace" (KELSEN, Hans. *Law and Peace in international relations*: Cambridge, Harvard University Press, 1942, pp. 12 e 14). As formulações surpreendentes e inadaptadas que governam esse fragmento não são a consequência da "tradução" do pensamento de Kelsen do alemão para o inglês nas "Oliver Wendell Holmes Lectures" (1940-1941), porquanto foram reimpressas em vários de seus livros do período "entre" a guerra e a paz (por exemplo, KELSEN, Hans. *Principles of International Law*. Nova York: Rinehart and Co., 1952, p. 17; KELSEN, Hans. *Peace through Law*. Chapel Hill: Un. Press of North Carolina, 1944, p. 3; KELSEN, Hans. *General theory of Law and State*: New York, Russel and Russel, 1945, cap. 1, "The concept of law", B, § f). Em *Peace through law*, imediatamente após esta passagem, Kelsen desenvolve algumas ideias que são hoje muito atuais. Por exemplo, a hipótese de que é possível que as Nações Unidas

de mais nada, da maneira com que se conduz o diagnóstico de que não há paz nem segurança. A conclusão, consequentemente, não é contestável (ainda que seu valor absoluto jamais seja certo) como são as premissas que, inexoravelmente, decidem quanto às formas que tomarão a prevenção e a terapia.[79] Estes três prismas fundamentais que supõem (1) que a paz é sempre um "estado" entre (contra) ao menos dois sujeitos, (2) que a paz começa com o outro ou "vem" dele, e (3) que a paz "vem" de mim (que a paz é, antes de mais nada, minha paz,[80] meu "estado") nada mais são que versões diferentes de um princípio bastante conhecido: *quid pro quo*. No comércio, na situação explícita de pena e sofrimento, de reparação dos menores e dos maiores danos, entre o Estado e o povo, na negociação e nos acordos, na crença e na superstição, no reconhecimento dos erros e durante o arrependimento, na concepção do dom, do débito e da amizade,[81] a paz (a pacificação, o apaziguamento ou o armistício) é, antes de mais nada, uma questão econômica (a origem da palavra *pax* é *pacare*, pagar) e matemática. Mais precisamente, o início da paz deveria ser uma tautologia perversa – algo por algo; o mesmo

---

aceitem, em nome da democracia, que sacrifícios de guerra possam ser incorporados à paz que os sucede (p. 10). Kelsen privilegia a teoria da força sobre a teoria do contrato na construção de uma paz internacional (pp. 7-9), ou seja, a paz é alcançada acima de tudo – como a história nos ensina – pela violência e não pela lei (p. 6).

79 KELSEN, Hans. *Peace through Law*. Chapel Hill: Un. Press of North Carolina, 1944, p. 35. Essa frase se repete em vários de seus textos desse período.

80 "A paz deve ser a minha paz, em uma relação que parte de um eu e vai em direção ao Outro, no desejo e na bondade onde o eu, a um só tempo, mantém-se e existe sem egoísmo" (Cf. LEVINAS, Emmanuel. *Totalité et infini*: essai sur l'extériorité. Paris: Kluwer Academic, 1961, p. 342).

81 "Um tal donatário, identificável como o destinatário do dom que é absolutamente incapaz de o restituir, é chamado precisamente de inimigo: aquele que não ama em troca e, portanto, permite amar gratuitamente, em pura perda e a fundo perdido; dar a seu próprio inimigo é dar em vão, por nada, sem razão" (MARION, Jean-Luc. *Étant donné*: essai d'une phénoménologie de la donation. Paris: PUF, 1997, p. 129).

pelo mesmo; olho por olho; dente por dente; pele por pele; vida por vida... – que se institui, se estabelece, ou se produz naturalmente, que pode, assim, ser regulada por retribuição até a realização completa da reciprocidade e da identidade – e não somente pela troca e pelo nivelamento, mas sim, e antes de tudo, pelo dom que demanda a troca, ou por uma regulação preventiva ou dissuasiva. A paz e a guerra, a quietude e a inquietude oscilam e vacilam na palavra *pro* que substitui a oposição original (contra).

Quid pro quo. Mas como esse *pro* vacila e oscila onde há uma miríade de oposições, ali onde havia, desde o início, um *contra*?

Parece que a guerra e a inquietude se formam e se declaram primeiro com laços e trocas, com a passagem do espaço do *contra* ao espaço do *pro*. *Quid pro quo*, ou, por exemplo, "olho por olho", anuncia o início do desaparecimento do olho no olho, ou do dente no dente etc., do desaparecimento da troca na substituição, da troca de dois termos por um só, em benefício de um só, em nome do próximo e do único – desaparecimento do segundo no primeiro, do outro (do diferente) no mesmo. *Quid pro quo* designa o progresso em direção à "unidade" pela substituição, pelo apagamento do anterior e do posterior. A inquietude começa desde a troca e prossegue com o fracasso da regulação pela réplica ou dissuasão. Quando se diagnostica que a paz não existe, indica-se, igualmente, o caminho em direção a uma paz impossível que não exclui jamais uma violência futura.

Devemos postergar um pouco o tratamento dessa violência futura, violência necessária, violência que leva à paz... violência que não traz a paz. Seria possível se distanciar suficientemente do princípio ou da lei do *quid pro quo*, de todas as versões e formas do *talião* (da *lex talionis*) – *ius talionis* ou *iure talionis*, como escreve Kant –, do *quid* e do *quo*, do cálculo e do pagamento? Dever-se-ia sinalizar o cálculo do mesmo, o "elas por elas" (*getting even*), sempre da mesma maneira: nas diferentes línguas, o hábito de colocar termos idênticos à esquerda e à direita da "conjunção" *pro* vem da expressão hebraica *ayin tahat ayin* ou *shen tahat shen* (olho por olho, dente por dente).[82] Não se trata de metáforas: um olho ou um dente são, de fato, arrancados. Esse sintagma estabelece a lei da vingança (retribuição) de tal maneira que seja um outro olho arrancado, um outro dedo cortado, um irmão morto ou um cordeiro degolado. Essas palavras tampouco são, provavelmente, metáforas do "equilíbrio" ou da "equivalência". Muita ficção "jurídica" e "legislativa" é necessária para compensar um roubo com uma mão decepada, uma mentira com uma língua cortada, um adultério ou um estupro com uma condenação à morte ou à mutilação. Mais tarde, surgem abstrações cada vez mais interessantes, como *like for like*, *evil for evil*, *favour for favour* – até os princípios que traem esse hábito de "similitude" (de equidade), como *quid pro quo* (ou, em alemão, *Gleiches mit Gleichem vergelten*).

Nós vemos esse princípio em ação num sintagma eslavo atravessado por uma assustadora metonímia e uma cruel desproporção entre os dois lados. Nele, a resposta ao mal parece ligeiramente mais forte, ligeiramente pior: "*vratiti milo za drago*" ("devolver golpe por golpe", "devolver o igual", "pagar na mesma moeda"). Os adjetivos *milo* (bem-amado) e *drago* (caro) não são iguais nem equivalentes: *são, antes, sinônimos retirados de um fundo semântico comum (a partir do qual se constroem derivados) estreitamente ligado à paz e ao amor entre os próximos. Essas duas palavras não são idênticas, mas são indissociáveis e pertencem ao mesmo domínio (por exemplo* "*moje milo drago*", "meu querido amor"). *Milost* (graça) e seus correlatos *blagodat*, *blagost* (clemência, favor) são, justamente, palavras com as quais se perdoa um erro de alguém, se reestabelece a pessoa caída e abandonada na comunidade dos próximos e daqueles que se encarecem mutuamente. As palavras *milost* ou *milo* aportam a paz, da mesma maneira que a paz ou todo armistício começa com uma apóstrofe e um endereçamento, com o vocativo: "cara/caro" (*draga / dragi*). A força dessas palavras que trazem a

---

82 *Levítico*, 24, 20, ou *oftalmon anti oftalmon* (Septuaginta). Ver também, *Êxodo* (*Michpatim*), 21, 21-25.

paz (*mir*) e se distinguem claramente de toda violência se encontra em uma célebre expressão rimada da língua sérvia: "*ili milom ili silom* (pela vontade ou pela força)". Nenhuma tradução na forma "*vratiti milo za drago*" (por exemplo, *tit for tat*, *to return pleasure for dear*) é capaz de conservar o cinismo da palavra *milo* que implica que a resposta (responde-se, depois de cometido um mal, ao qual se dá o nome de *drago*) deve ser, de todo modo, um pouco mais forte que o golpe inicialmente recebido. Responder na mesma medida, proporcionalmente ao golpe recebido, assumindo-se que é necessário responder um pouco mais fortemente, sempre e necessariamente com um pouco mais de força.[83] A palavra "assumindo" (ou "implicando"), que opera a leve perturbação do cálculo da quantidade de violência pela qual se responde, faz alusão à ideia de castigo (o *Widervergeltungsrecht* de Kant). Entretanto, é necessário distinguir, por um lado, a perturbação da lógica do princípio *quid pro quo* no caso do castigo – responder à violência de maneira sempre desproporcionalmente mais forte para que seja excluída a possibilidade de uma resposta à primeira violência e um encadeamento de réplicas (a pena capital ou máxima, por exemplo, exclui toda possibilidade de resposta à violência da condenação à morte) –, e, por outro, o

---

83 A força da resposta (ou réplica) à *lesio* prolonga o sofrimento da lesão, tal como a impossibilidade de alcançar a *restitutio* total (é impossível regressar no tempo pela resposta, e regressar ao estado anterior à violência; a anulação do ato de violência por um novo ato de violência nunca é muito exata, pois ela intervém em um novo contexto). Quando Kant fala de *jus indemnitatis*, certamente sob a influência de Gottfried Achenwall, questiona a diferença entre a qualidade e a quantidade de violência, e introduz o sintagma *die Quantitas der Satisfactio*. No contexto do *jus naturale belli*, a analogia entre a guerra, a ocupação militar, o duelo e a satisfação é uma das miragens que Kant usa para "fundar" o *jus praeventionis*. Cf. KANT, Immanuel. "Kants Naturrecht gelesen im Winterhalber Jahre 1784 (Jus naturale belli, De modis jus suum persequendi)". *In*: ______. *Kants gesammelte Schriften XVIII*. 4. Abteilung. Vorlesungen. 4. Band: Vorlesungen über Moralphilosophie, 2/2. Berlim: De Gruyter, 1979, pp. 1372/1373. Essa passagem, datada de 1784, apresenta a fonte da elaboração do §56 de *Die Metaphysik der Sitten* (1798).

leve enfraquecimento do princípio *quid pro quo* que está ligado ao tempo: primeiro, em razão da duração da "ameaça" de "réplica" ("eu não devolverei apenas golpe por golpe – *milo za drago* –, eu te devolverei teu golpe e tu esperarás e terás medo"); em seguida, em razão do envelhecimento ou do esquecimento do primeiro malfeito após o golpe que retruca (devolver ou acrescer o *milo* ao *drago* significa verdadeiramente subtrair e apagar o *drago* pelo *milo*; eu acresço para subtrair, eu te devolvo para que minha resposta seja "a última"). Precisamente em razão desta violência crítica e também hipócrita em relação à matemática,[84] é preciso refletir sobre a palavra "por" (*pro, anti, sub, hipó, tahat;* ou sobre a palavra "contra") fora deste "contexto secular" no qual domina o princípio *quid pro quo* e o acerto de contas regulador.

É possível que essas pequenas palavras "por" ou *pro* tenham colocado em marcha o primeiro "gesto" decisivo de busca da paz pela violência e pela guerra? Todos os outros gestos que fundam os textos ulteriores sobre a paz não decorrem desse comando? A palavra "tradução (ões)", que simula, aqui, o mesmo registro e o mesmo esforço pela paz, é adequada na medida em que estabelece como *pro* (ou melhor *tahat*) uma substituição. O *pro* latino se refere à "progressão", à "incitação de ir adiante". Diferentemente da palavra *contra* (a qual a palavra *pro* completa e contradiz a um só tempo), que mantém a distância de maneira estática – diante, em face –, *pro* significa etimologicamente a defesa e a proteção: ela progride paradoxalmente "em direção ao outro". *Pro* é levado adiante, pois uma "agressão" (originária) ocorreu e algo ocasionou algo idêntico (o outro). Algo ocorreu e, na retirada e na defesa, aparecem os conectores: "para", "em virtude de", "porque", "por essa razão" etc. *Pro*, sob coação e no ato de recuo, avança a largos passos, mais longe, "em proveito de" etc. A palavra do hebraico *tahat* coloca em relevo, antes de qualquer outra coisa, o lugar e o espaço. *Tahat*

---

84 *Hypokrinein* significa, de forma aproximada, diferenciação ou divisão (e *hypokrineshai* significa responder).

significa "embaixo", "abaixo" e "sob". O caráter decisivo do emprego desta palavra apazígua com certeza todas as "progressões" e "afastamentos" latinos. *Tahat* se dá ali onde se opera a troca ("em lugar de") e a transferência de algo novo em lugar de algo outro.

Vratiti milo za drago – "tornar igual", "retribuir golpe por golpe", "devolver na mesma moeda". Se deixarmos de lado, por um momento, o infinitivo ou o imperativo futuro de que mais tarde se investiu, por completo, esse sintagma, transformando-o em lei escrita ou não escrita, *tahat* designa uma situação em que uma coisa é intercambiável *por* uma outra, em que uma coisa presente aqui e agora (ou que o será em breve) pode tomar o lugar de algo outro. O "outro" (*drugo*), o "outro caro" (*drago*) é substituível por *milo* (o ser amado), isto é, é possível trocar, substituir e instalar algo que estava ali antes, abaixo, embaixo do outro (ou do mesmo). Se, com as palavras "tradução" e "substituição" simulamos uma ajuda dada ao efeito da palavra *tahat* e, enquanto isso, operamos essa milagrosa substituição da amabilidade pelo querido, então, exceção feita à terrível verdade pronunciada no *Mishpatim* ("vida por vida, alma por alma [*nepesh tahat nepesh*], mão por mão [*yod tahat yod*], pé por pé, queimadura por queimadura, ferida por ferida, machucado por machucado"), é verdade que tudo é idêntico e equivalente, e que *é prático poder tudo trocar (*suplantar o mesmo pelo mesmo), que nada seja insubstituível e irreparável. Mas essa construção aparecerá de forma ainda mais complicada.

Passo a passo, o processo de substituição poderia se dar assim. O acontecimento identificado como querido, em primeiro lugar, limpa a fundo o espaço, um puro *contra* (os projetos de paz, frequentemente, inventam sua origem e sua justificação neste lugar da oposição original antes do "acontecimento da agressão"). O que se segue, o que ainda tem que vir e substituir *drago*/o querido, o qual já teve lugar como início dessa sequência, deve abolir, finalmente, toda consequência ulterior, isto é, toda série nova, toda nova resposta ou toda nova troca. Somente neste caso é verdadeira a garantia da devolução de *milo za drago*, da amabilidade pelo querido. Entretanto, começamos a vislumbrar os contornos de uma aporia irresolúvel. Se, em verdade, retribuirmos *milo* por *drago*, o amável pelo querido, de tal modo que não caiba resposta ou sequência posterior, nem sequer a possiblidade ulterior da guerra ou da ameaça do uso da força, então não há paz nem guerra, nem satisfação da justiça, nem saciedade da substituição, posto que se estabeleceu uma paz eterna. Ainda que pudesse ser relevante a questão de saber se a paz eterna é de fato uma paz,[85] essa impossibilidade da justiça, da paz, da satisfação, da saciedade, enfim, a impossibilidade de uma substituição é muito mais importante. A questão mais adequada talvez seja a de como não devolver a amabilidade em troca do querido, *milo za drago*. E, à margem de tudo isso, *há uma interrupção crucial deste processo* – talvez se oculte aqui a responsabilidade por tal "impossibilidade" –, uma mudança de direção entre aquilo que veio (*drago*/o querido) e o que está por vir (*milo*/amabilidade). É como se fosse necessário certo intervalo espaço-temporal, uma pausa, uma dúvida, antes que se possa materializar essa escrita invertida da palavra *pro*. *Pro* (*za*, "por", *tahat*) designa, antes de qualquer coisa, o vínculo entre a chegada e a aceitação *de um* acontecimento, e anuncia que

85 Na sua última entrevista para o jornal *Le Monde*, alguns meses antes da sua morte, Derrida fala sobre a guerra e a ansiedade que estão em jogo dentro dele, bem como a paz eterna que virá após a morte (deveria a morte pertencer ao registo de eventos violentos e da violência?). "Estou em guerra contra mim mesmo, é verdade, não sabeis o quanto, para além do que adivinhais, e eu digo coisas contraditórias que estão, digamos, em tensão real, e que me constroem, me fazem viver, e me farão morrer. Esta guerra, eu vejo-a por vezes como uma guerra aterradora e dolorosa, mas ao mesmo tempo sei que é a vida. Só vou encontrar paz no descanso eterno". Cf. DERRIDA, Jacques. *Apprendre à vivre enfin*. Paris: Galilée, 2005, p. 49. Essa reflexão de Derrida traz à mente uma importante carta de Husserl a Eugen Fink de 06/03/1933 (de Friburgo), que trata dos filósofos como aqueles que não podem viver como outros homens: "Wir können nicht leben wie andere Menschen (...) wir haben den schlimmsten Feind in uns selbst" ("Não podemos viver como os outros homens (...) temos o pior inimigo em nós mesmos"). Ver HUSSERL, Edmund. *Briefwechsel. Die Freiburger Schüler*. Londres: Kluwer A. P., 1994, pp. 90-92, t. 4.

milo/amabilidade se seguirá. Aquilo que anuncia a resposta por vir (*milo*/amabilidade) e sua sequência é consequência da aceitação e da acumulação da violência (*drago*/o querido). A violência reserva o sujeito antes de tudo, ultrapassa-o e supera-o, converte-se em seu conteúdo principal e em sua reserva. Como se a violência que tivesse sido recebida e memorizada (e também finalizada)[86] fosse a condição de constituição do *sujeito* (o soberano, a soberania, o indivíduo, a comunidade...) precisamente em virtude de sua orientação para a fonte dessa violência e da dissuasão dessa mesma violência de onde proveio a força: *quid pro quo. Pro é a prova de que se produziu o redimensionamento da força*, de que a retribuição, o pagamento com a mesma moeda, deve ainda ter lugar. Somente agora, somente quando esta "virada" *é formulada*, *é que se seguirá* um período de tempo totalmente inabitual no qual se prepara o começo da réplica e do retorno à origem da violência.

Pagar com a mesma moeda, *vratiti milo za drago*, significa dar a réplica e partir, em um lapso de tempo muito preciso, pelo mesmo caminho de onde provém a violência. O tempo da retribuição, assim como o da sedimentação da ameaça (intimidação ou prevenção, exagero, coerção, previsão, mas também preparação, armamento e, sobretudo, aflição), deve referir-se a um futuro imediato. Esse lapso temporal deve coincidir e ser análogo ao tempo necessário para que um projeto possa valer como projeto de paz. Dito de outra forma, o tempo do projeto (da pro-jeção, do *pro-jacere*, lançar para a frente) e da promessa de paz começa a correr desde que o *pro* inicia a sequência de respostas ou de vinganças. Trata-se não tanto do cálculo da quantidade de tempo, do número de anos, de meses ou de horas necessários para a consecução desses processos análogos, mas sim do prazo necessário a toda resposta ou à própria possibilidade de uma resposta à violência – pela violência. Eu sugeriria a hipótese de

86 A violência (*drago*/o querido) foi encerrada no tempo, mas a réplica (*milo*/amabilidade) renova-a e prolonga-a. Ver *Midrash, Bereshith Rabbah* 38, 3.

que esse período é equivalente ao tempo de pacificação necessário a um projeto de paz (um clamor, uma lei, um acordo, um arquivo etc.) ou, ainda, que a provocação (*Herausforderung*, *pro-vocatio*), a invocação e o pensamento da paz só podem existir ou sobrevir nesse período de tempo: e apesar dos vários modos nos quais se manifestam aqui, fracassarão com certeza, porque é impossível pagar na mesma moeda e, igualmente, prevenir a violência futura; a fundamentação do direito na violência não pode extirpar a falta de lei e a violência; um acordo deve, necessariamente, ser transgredido quando torna equivalentes forças e partes desiguais; um compromisso deve, necessariamente, fracassar quando está fundamentado em promessas que, por um lado, são feitas por essas mesmas partes e, por outro lado, tornam-se obsoletas.

A dificuldade não reside somente na incorporação do princípio *quid pro quo* em todo pensamento da paz, isto é, na introdução da "guerra intraduzível" em toda tradução possível da guerra na paz. A coerção pela qual se inicia a constituição do sujeito é bem mais significativa: um sujeito é um sujeito porque ele é levado (iniciado, provocado) pela violência, porque ele é marcado, aberto e fechado pela violência, porque ele experimenta a dor, porque recebeu um dano, porque respondeu e reagiu, no caso, à violência que é o ponto de orientação de seu desenvolvimento. Mas essa mesma coerção pela qual o sujeito deve fazer algo, pela qual ele deve engajar-se para que a paz possa verdadeiramente existir, mostra-se, em verdade, uma temporização, um atermar, um *sursis*, uma perda de tempo. O sujeito não responde à violência de maneira imediata; responderá apenas mais tarde, e somente depois de clamar pela paz ou de pronunciar a palavra "paz".[87]

87 O que se segue ao mais famoso apelo à paz (e oferta de paz) que já foi feito e imposto até hoje é, de toda forma, um ato violento de pacificação. Isto ocorre tanto por meio da *occupatio bellica* de Kant (*Vorlesungen* de 1784), quanto pela mais terrível aniquilação possível. "Quando te aproximares de uma cidade para combatê-la, farás propostas de paz a ela. Se te respondem: "façamos a paz!", e te abrem suas portas, toda gente

Mas por que a guerra ou a violência já são sempre dadas, enquanto a paz deve necessariamente "institucionalizar-se", "estabelecer-se" ou "restaurar-se"? Por que a paz não cai do céu?

> O que é a paz? O que é que dizemos quando dizemos "paz"? O que significa "estar em paz com" – com outra pessoa, com um grupo, com um Estado, com uma nação, consigo mesmo como um outro? (...) Se julgarmos, por exemplo com Kant, que tudo na natureza começa com a guerra, então seguem-se ao menos duas consequências: 1. A paz já não é um fenômeno natural, simétrico e simplesmente contrário à guerra: a paz é um fenômeno de outra ordem, de natureza não natural, mas institucional (e, portanto, político-legal). 2. A paz não é simplesmente a cessação das hostilidades, a abstenção da guerra ou o armistício; ela deve ser instituída como uma paz perpétua, como uma promessa de paz eterna. (...) Só isto permite a Kant concluir que não existe paz natural, e que, como ele diz

---

que ali se achar será tributária de ti e te servirá. Mas se não aceitarem a paz, combaterás contra eles e sitiarás a cidade. E quando o Senhor teu Deus a tenha entregado em tuas mãos, ferirá a todos os varões com o fio da espada, mas tomarás para ti as mulheres, as crianças e os despojos, e comerás os restos de teus inimigos que o Senhor teu Deus te deu" (Deuteronômio [*Shoftim*] 20, 10-14). A tradução alemã que citamos é a de Buber e Rosenzweig (*Die Schrift*). O que se segue a este apelo à paz (é necessária uma capacidade infinita para nos fazer esquecer todos estes comandos de aniquilação) e o que precede a palavra Paz (*le-sheloim*) – a intenção de fazer a guerra, de atacar (*le-hilohem*) – circunscreve e pressiona a duração da chantagem e do ultimato (a duração da paz). Contudo, a intenção de travar uma guerra já precede o inimigo (*ojev*) que nos violenta: "a palavra inimigo (*ojev*) refere-se apenas àquele que nos faz violência; a um invasor que usurpa a nossa vida quotidiana para nos tirar as nossas terras e nos sujar. Somos forçados a travar uma guerra contra ele, oferecendo-lhe primeiro a paz" (o comentário de Samuel David Luzzato sobre o versículo 20, 10 é extraído do texto de WALZER, Michael. "War and Peace in the Jewish Tradition". *In*: NARDIN, Terry (Coord.). *The Ethics of War and Peace*. Princeton: Princeton Un. Press, 1996, p. 101. Cf. RAVITZKY, Aviezer. "La pensée halakhique a-t-elle développé la notion de 'guerre interdite'?" *Guerre et paix dans le judaïsme*, nº 36, 2004, pp. 125 e 129.

> imediatamente em seguida, o estado de paz deve, portanto, ser "instituído" (fundado, *gestiftet*). (...) Kant continua: "[o] estado de paz deve, portanto ser instituído [*es muss also gestiftet werden*]; pois abster-se de hostilidades ainda não é garantir a paz e, a menos que a paz seja garantida entre vizinhos (o que só pode acontecer num estado *legal*) [*in einem* gesetzlichen *Zustande*], cada um pode tratar como inimigo aquele que ele mesmo exortou a este fim.[88]

Deixemos de lado, por ora, a questão muito complexa de saber se os famosos "gestos" de Kant em direção à paz perpétua têm algo a ver com o longo e desconhecido caminho para a Terra Santa que Yehudah Halevi iniciou há quase mil anos. Várias passagens de Kant citadas por Derrida, bem como uma das suas palavras favoritas, "*stiften*" (o análogo alemão da palavra decisiva para Derrida: "instituição"), aparecem em *Adieu* no momento exato em que o texto se coloca em marcha para Jerusalém, onde o caminho para a paz,[89] para Israel, é revelado, e onde há perigosas derivas. Derrida introduz Kant no texto a fim de temporizar e, assim, transmitir em silêncio as suas críticas a certas posições tomadas por Levinas em relação a Israel. Tudo o que Derrida disse, durante os seus seminários e na apresentação do seu "adeus" a Levinas, é expresso sucintamente

---

88 DERRIDA, Jacques. *Adieu, à Emmanuel Lévinas*. Paris: Galilée, 1997, pp. 152, 154 e 157/158. Este último trecho, no qual Derrida cita Kant, contém um erro: dever-se-ia ler *er muß* em lugar de *es muß*. Eis o original, em alemão, de À paz perpétua: "Der Friedenszustand unter Menschen, die neben einander leben, ist kein Naturstand (status naturalis), der vielmehr ein Zustand des Krieges ist, d. i. wenn gleich nicht immer ein Ausbruch der Feindseligkeiten, doch immerwährende Bedrohung mit denselben. Er muß also gestiftet werden; denn die Unterlassung der letzteren ist noch nicht Sicherheit dafür, und ohne daß sie einem Nachbar von dem andern geleistet wird (welches aber nur in einem gesetzlichen Zustande geschehen kann), kann jener diesen, welchen er dazu aufgefordert hat, als einen Feind behandeln".

89 Cf. CHALIER, Catherine. *De l'intranquillité de l'âme*. Paris: Payot, 1999, p. 131.

– num espírito profundamente kantiano – numa de suas últimas conferências públicas. Antes de delinear rapidamente o "gesto" que poderia ser comum a Kant e Derrida, e antes de irmos novamente a "Jerusalém, um ano depois desta *separação de separação*",[90] da morte de Jacques Derrida, citemos, imediatamente, estas poucas frases nas quais, mais uma vez e provavelmente de forma bastante inesperada, a Europa prepara-se para pagar na mesma moeda (*milo za drago*) aos Estados Unidos da América. E não apenas eles:

> Não se trata de desejar a constituição de uma Europa que seria outra superpotência militar, protegendo o seu mercado e contrabalançando os outros blocos, mas de uma Europa que semearia uma nova política altermundialista. Para mim, esta é a única saída possível. Esta força está em marcha. Mesmo que os seus motivos ainda não estejam claros, penso que nada a deterá. Quando eu digo Europa, é isto que eu quero dizer: uma Europa altermundialista, transformando o conceito e as práticas da soberania e do direito internacional. E com uma verdadeira força armada, independente da OTAN e dos EUA, uma potência militar que, nem ofensiva, nem defensiva, nem preventiva, interviria sem demora a serviço das resoluções finalmente respeitadas por uma nova ONU (por exemplo, com carácter de urgência, em Israel, mas também alhures).[91]

No final, "nada irá deter" a chegada urgente e rápida de uma Europa nova ou diferente a Jerusalém. Esse testamento de Derrida (que testemunha o que ainda não sabemos ou o que não soubemos, que testemunha o que obriga definitivamente), esse movimento testamentário para a paz, que é mais do que um apelo e que está em vias de se tornar institucionalizado e fundado, deve começar imediatamente e, sobretudo, em Israel. O que significa institucionalizar a paz em

---

90 DERRIDA, Jacques. *Adieu, à Emmanuel Lévinas*. Paris: Galilée, 1997, p. 170.

91 DERRIDA, Jacques. *Apprendre à vivre enfin*. Paris: Galilée, 2005, pp. 43/44.

Israel? O que significa institucionalizar (*stiften*) a paz? O que significa que a paz tem de ser "instituída", que a paz tem de ser garantida ou assegurada?[92] Hoje, mais de duzentos anos após essas perguntas de Kant (e as suas respostas, que jamais excluem violência),[93] é possível acrescentar à força das suas ficções sobre a paz apenas o desejo de chegar à Terra Santa o mais depressa possível? E até que ponto Kant já não teria este caminho incerto em mente? E, após muitos anos, não podemos acrescentar à imaginária comunidade de Estados (*Staatenbund*), praticamente limitada a alguns dos mais poderosos Estados europeus, novos Estados? Estabelecer a paz (como se Derrida, ao contrário de Kant, não tivesse qualquer incerteza) não é o

92 No fragmento que Derrida traduz e cita, Kant emprega o termo *Sicherheit:* "denn die Unterlassung der letzteren ist noch nicht Sicherheit dafür".

93 É somente a partir dos últimos dez anos da sua vida que Kant usará frequentemente as palavras *stiften* ou *gestiften*. *Stiften* implica, sem dúvidas, a violência. Kant acredita – e deixa clara sua convicção em diversos lugares (por vezes nas notas do *Nachlass*) – que algo pode ser estabelecido, institucionalizado por meio da violência. O ato de violência é o ato inaugural de qualquer instauração, e também da instauração da paz. Por exemplo, no início do §55 da *Metafísica dos costumes*, Kant exprime a esperança de que seja possível fundar um Estado que se aproxima do Direito pela via militar ("*um etwa einen dem rechtlichen sich annähernden Zustand zu stiften*"). No seu curso do semestre de inverno de 1793/1794, que Johann Friedrich Vigilantius preparou para publicação (*Metaphysik der Sitten Vigilantius*), Kant é bastante preciso: "[pois], sem violência, o direito não pode ser fundado [*gestiftet*], pelo que a violência deve preceder o direito, em lugar de o governo segundo o direito instaurar a regra da violência. Se tomarmos as pessoas *in statu naturali*, elas estão *ex leges*, estão fora de qualquer Estado de Direito, não têm leis, mas apenas uma violência externa que as mantém retas [*dass ohne Gewalt kein Recht gestiftet werden kann, so muss dem Recht die Gewalt vorausgehen, statt dessen der Regel nach das Recht die Gewalt begründet muss. An nehme Menschen in statu naturali, sie sind exleges, in keinem rechtlichen Zustande, sie haben keine Gesetze, noch äusserliche Gewalt, die sie aufrecht erhält*]". Cf. KANT, Immanuel. *Kants gesammelte Schriften XVIII*. 4. Abteilung. Vorlesungen. 4. Band: Vorlesungen über Moralphilosophie, 2/1. Berlim: De Gruyter, 1975, p. 515.

mesmo que ficar indefinidamente longe da inimizade, da violência, do pagamento com a mesma moeda (*milo za drago*)? Para Kant, é bastante insuficiente e, aparentemente, inadmissível, por exemplo, que este apelo e esta oferta de paz esperem indefinidamente às portas de qualquer cidade inimiga e adiem eternamente a vingança e a liquidação da dívida. Instituir ou institucionalizar (*stiften*) implica, antes de mais nada, uma comunidade, mas também a mobilização e a associação coletiva das forças ou poderes de todos.[94] Possuir uma verdadeira potência militar significa reunir tudo o que é capaz de responder à violência, mas que também pode produzir a violência num só lugar – num reservatório, sob vigilância, sob comando, em reserva. Esta reserva ideal (instância ideal ou arquivo ideal de poder: Derrida chama-a de "potência militar") não é "nem ofensiva, nem defensiva, nem preventiva". Mas em que sentido poderia ela ainda ser um exército se não é nenhuma destas coisas? O que ainda resta dessa pura potência que possa fazer dela uma potência militar, um exército?

Com esta inacreditável descrição da violência, necessária para o estabelecimento da paz, o "gesto" de Derrida introduz uma nuance em relação a Kant. Quando ele pronuncia a palavra "preventivo", bastante popular nos últimos anos (*preventive war*, *preemptive attack*), Derrida segue, mais uma vez, as pegadas do filósofo alemão. No §56 da *Metafísica dos costumes*, Kant introduz o *ius praeventionis* para reduzir o "tempo" de resposta à violência. Institucionalizar a paz é realmente estabelecer uma certa forma de violência para prevenir ou evitar a violência ou um dano futuro.[95] Não é suficiente responder, imediatamente, à injustiça ou violência de alguém, nem,

---

94 É interessante observar as variações e as definições de Derrida na utilização dos conceitos de "força" e "potência".

95 Instaurar, fundar (*stiften*) significa "fundar com antecedência", "obter com força por meio do impedimento". Em *Grundlagen des Naturrechts*, Fichte expressa o seu total acordo com Kant ao mencionar que a primeira condição para a instauração (*Stiftung*) da paz é o direito à coerção com vistas à sujeição do outro à lei. Cf. FICHTE, Johann Gottlieb. *Grundlage des Naturrechts*, Sämmtliche Werke III. Berlim: Veit, 1971, p. 14.

tampouco, responder "a termo" ou no "prazo correto": é importante fazê-lo antes que aconteça – *before the time(s)*. Esse "tempo antes do tempo" garante a instituição do "direito preventivo": "Aquele que lesa (*laesio*) primeiro é o agressor, aquele que inicia as hostilidades nem sempre é o agressor, porque o lesado (*laesus*) tem na guerra o *jus praeventionis*, o direito de iniciar as hostilidades".[96]

Kant continua: "*Melius est praevenire quam praeveniri* é a regra da prudência. Do ponto de vista jurídico, é uma guerra defensiva, [enquanto] no sentido militar (...) é uma guerra ofensiva".[97] Assim, o preventivo elimina a diferença entre a defensiva e a ofensiva e supera ambos. Melhor ultrapassar que ser ultrapassado, diz Kant. O princípio de pagar *milo* antes de *drago* é certamente mais sábio do que o princípio de pagar *milo* com *drago*. Em vez de *quid pro quo*, o princípio *quid ante quo* é, portanto, muito melhor, muito mais rápido e muito mais astuto. Kant explica melhor a sua posição: do ponto de vista do Direito, é, realmente, uma questão de "devolver" e "responder" ante a violência como se ela já tivesse sido feita; no entanto, no sentido militar que Derrida menciona, não se trata de devolver, mas de dar e exercer a violência antes da própria violência (sob o pretexto de evitar essa mesma violência).

---

96 "Der die laesio anfängt, ist agressor, der die hostilitaet anfängt ist nicht immer agressor, denn in bello hat laesus jus praeventionis, das Recht, die erste Hostilitaet zu thun". (KANT, Immanuel. *Kants gesammelte Schriften XVIII*. 4. Abteilung. Vorlesungen. 4. Band: Vorlesungen über Moralphilosophie, 2/2. Berlim: De Gruyter, 1979, p. 1373).

97 Este é um fragmento de uma passagem mágica de Kant que está escrito em alemão e latim: "Melius est praevenire quam praeveniri ist die Regel der Klugheit. Juridice ist defensio Krieg, bellum Laesi contra laedentum, und der laedens contra laesum fürht Offensionskrieg. Im militärischen Verstande ist der defensiv, der nicht die erste hostilitaet anfängt, und der andre offensiv. Der laesus hat ausser dem Recht, restitutionem zu fordern, noch ein Recht possendi securitatem, de non laedendo in futurum, denn der Laedens ist laesionem intentans, bis er Sicherheit gestellt hat" (KANT, Immanuel. *Kants gesammelte Schriften XVIII*. 4. Abteilung. Vorlesungen. 4. Band: Vorlesungen über Moralphilosophie, 2/2. Berlim: De Gruyter, 1979, p. 1373).

Quando todas essas reflexões kantianas das *Vorlesungen* de 1784 sobre o *ius praeventionis*, sobre a ocupação e a intervenção, sobre a guerra e a inimizade (não) recíproca se traduzem, quinze anos mais tarde, por meio dessa analogia incerta,[98] no espaço do Direito Internacional (no escrito sobre a *Paz perpétua* ou no texto da *Metafísica dos costumes*), sua contribuição à institucionalização da paz será inevitável. Para garantir e instaurar uma paz ininterrupta (logo, para impedir a violação dos acordos, a traição ou a mudança das relações de força), Kant desenvolve, com algumas correções significativas, a ideia de Frederico, o Grande, de uma associação durável de todos os Estados soberanos em uma comunidade dos Estados (*Staatenbund*) que se dirigisse, eventualmente, contra um Estado ou uma violação da paz. Assim, a paz é fundada (de um ponto de vista jurídico-político) depois que cada um – que se engaja a respeitar a segurança do outro (e, portanto, deixa-o em paz ou sem motivo para inquietação) e se beneficiar em retorno – tenha calculado que a privação dessa mesma segurança ou sua supressão implica que todos os outros estejam contra ele. O princípio "todos contra um" não se conquista pela assinatura de um pacto de não agressão por e para todos, mas pelo pertencimento *a priori* à totalidade (comunidade de todos os Estados), sob condição de que a ruptura com uma só parte dessa mesma totalidade (por exemplo, declarar guerra a um país vizinho) conduza à guerra contra todos os outros. A possibilidade de que alguém se exclua da totalidade ou de que alguém seja excluído a qualquer momento, a possibilidade de que todos paguem com *milo* por *drago*, golpe por golpe, deveria ser, imediatamente ou por antecipação, um dos pilares maiores de uma institucionalização da paz. Evidentemente, esse pilar será, ao mesmo tempo, o ponto mais fraco, o lugar onde a instituição da paz vacila. A "exclusão", sobretudo a exclusão da minoria, dos vencidos ou dos mortos, a "exclusão, igualmente, como alavanca constitutiva de toda democracia, de toda enumeração e de toda convenção (substituição,

---

98 Cf. HABERMAS, Jürgen. *Der gespaltene Westen*. Frankfurt am Main: Suhrkamp, 2004, p. 133.

tradução) deve ser atribuída, com grande reserva precisamente, a esse elemento violento que toda institucionalização, e, portanto, também a institucionalização da paz, pressupõe de forma necessária. Mas, antes de voltar a Derrida e às suas "potências puras", bastaria quiçá, a fim de observar como e em quais lugares vacila toda a construção da paz, enumerar aquilo que permanece necessariamente fora de cômputo.

i) Devemos começar pelas notas de Kant sobre o inimigo e sobre a exclusão daqueles que não institucionalizam a paz (Derrida excluiu esta nota das suas considerações, embora ela ocorra logo após uma passagem que ele cita na íntegra). Seria, então, interessante falar sobre a mão trêmula de Derrida, que é demasiado apressada no caminho para a Terra Santa – por que a potência militar europeia está às portas de Israel? Israel está na Europa? Israel associou sua potência àquela da Europa? Por que Israel está fora da Europa e por que é excluído?

ii) Seria necessário abordar o problema de saber se a violência exclui ou se nós nos excluímos pela violência, o que nos leva às discussões decisivas em que Kant pretende proibir sem reservas a intervenção militar e a ingerência na soberania de outros Estados. Todas as intervenções dos últimos anos mais ou menos visavam – e inteiramente no espírito de Kant – os Estados nos quais desaparecia a característica estatal, cuja soberania estava a sofrer problemas fatais e que perdiam (ou não possuíam) o monopólio da violência sobre os territórios por eles abrangidos *de jure*.

iii) As estratégias de exclusão deveriam conduzir-nos, inevitavelmente, ao caso final e cardinal que, de forma paradoxal, apaga toda a construção kantiana de paz, abrindo talvez a porta, em contraste com a soberania, para uma nova instituição de paz: o aparecimento de um Estado (ou de um grupo de Estados unidos) sobre o qual todos os demais não seriam capazes de triunfar, e que desfazeria todos os acordos e tentativas de paz que os regimes houvessem empreendido até esse ponto.

Regressemos, com urgência, à porta de Israel. Em Derrida, o que há de irreparável e doloroso em sua busca por uma potência "nem ofensiva, nem defensiva, nem preventiva" é o limite de uma intervenção militar. Derrida reduz o intervalo de tempo entre *drago* e *milo*, concebendo uma instância ideal que inicia, evidentemente, certa violência, mas não está sujeita ao *quid pro quo* nem ao princípio *quid ante quo*. Essa potência é mais rápida que qualquer "forma" de *quid pro quo* (não espera, não chega tarde, é rápida e não perde tempo), mas pela mesma razão, é mais lenta que qualquer possível violência *quid ante quo*. A potência a ser atingida, que deve ocorrer em algum lugar – primeiro em Israel, depois alhures –, responde à violência, mas *como se*, ao mesmo tempo, não respondesse à violência, de tal forma que não fosse nem uma potência de castigo, nem uma potência de vingança, nem uma potência de prevenção. No texto de Derrida, talvez houvesse uma chance para esta intervenção mais rápida possível, esta resposta tão rápida que nem, sequer, é uma resposta, esta intervenção impossível que traz a paz, que purifica completamente não só em face de qualquer uniforme neoeuropeu e suas armas, mas também de todas as potências possíveis. A paz é possível? Uma intervenção que traz a paz a Israel (e não só a Israel), que cai, realmente, do céu sem ser um projétil de paz, é possível? É possível responder à guerra não com a mesma moeda, mas com a paz?

Isso significa que *drag*, o querido, precede tanto a violência inicial como sua resposta (*milo*, a amabilidade)? O que aconteceria se a violência do outro (*drugo/drago*) fosse verdadeiramente pacífica (*drago*)?[99]

---

99 NT: O autor brinca com a proximidade fonética entre as palavras *drago* (querido) e *drugo* (o outro) para sugerir que a violência inicial (*drago*) feita a mim pelo outro (*drugo*) seria, de fato, *drago*, não num sentido irônico ou cínico (como na expressão "*vratiti milo za drago*"), mas no sentido literal de paz e amor entre parentes.

CAPÍTULO III

O AMOR DO INIMIGO[100]

Feindesliebe
Von eh warst Du der liebe Himmelsveste,
mein Lieben nistete bei Dir im Neste.
Scheltworte meines Feinds, sie freun mich Deinethalb;
Lass ihn – sein Druck presst, den
dein Druck längst presste.]
Es lernte Deinen Grimm der Feind: drum lieb ich ihn;
denn seine Faust trifft Deines Schlags Gebreste.

---

100 Franz Rosenzweig, tradutor e intérprete da poesia de Yehudah Halevi, deu ao poema o título de "Feindesliebe". Os dois editores das obras de Abu el-Hassan Jehuda ben Samuel ha-Levi, Samuel David Luzzatto (1864, Pádua) e Haim Brody (1894-1930, Berlim) deram as primeiras palavras ou primeiro verso como título ao poema. Cf. HALEVI, Jehuda. *Fünfundneunzig Hymnen und Gedichte*, Gesammelte Schriften IV. Boston: Martinus Nijhoff Publishers, 1983, pp. 183/184. A versão do poema "Amor do Inimigo" nas *Œuvres complètes* é uma reprodução da segunda edição da tradução de Rosenzweig dos hinos e poemas de Yehudah Halevi, que data de 1927 (HALEVI, Jehuda. *Zweiundneunzig Hymnen und Gedichte, deutsch, mit einem Nachwort und mit Anmerkungen*, Zweite Ausgabe. Berlim: Lambert Schneider Verlag, 1927).

Verwarfst du mich, den Tag verwarf ich selber mich,
wie gönnt' ich dem, den Du verwarfst, das Beste!
Bis einst dein Groll vergeht und Du Erlösung schickst
Des einst von Dir erlösten Erbes Reste.[101]

Com fidelidade a Franz Rosenzweig, ou seja, à língua hebraica em que Yehudah Halevi escreveu este hino, poder-se-ia enumerar e classificar tudo o que determina a impossibilidade absoluta de uma tradução, da fabricação de uma tradução "original" de "Amor do Inimigo [*Feindesliebe*]" e da paz. Listaremos, assim, algumas dificuldades intransponíveis, alguns problemas irredutíveis na tradução e nos comentários que Rosenzweig anotou à margem deste poema, mas também nas escolhas lexicais anfibiológicas de Halevi; indicaremos as "reservas" do texto – que estão em falta, embora pertençam a estes dez versos e estejam neles prefiguradas – a fim de enfocar, finalmente, o sexto verso, mais precisamente a forma como Franz Rosenzweig corrige a sua própria tradução entre a primeira e a segunda edições.

Certa lealdade a Franz Rosenzweig é-nos imposta por duas cartas que ele escreveu em dois períodos diferentes da sua vida muito curta: a primeira é dirigida a Scholem em 10 de março de 1921, ano em que publicou *Der Stern der Erlösung* e começou a traduzir os hinos de Halevi – ano em que apareceram os primeiros sintomas da sua grave doença; a segunda é dirigida a sua mãe em 5 de junho de 1929, alguns meses antes da sua morte.[102] Na carta a Scholem,

101 HALEVI, Jehuda. *Fünfundneunzig Hymnen und Gedichte, Gesammelte Schriften IV*. Boston: Martinus Nijhoff Publishers, 1983, p. 183.

102 Nesta carta, Rosenzweig reconstrói o seu verdadeiro e primeiro nome (em hebraico). A carta começa com o testemunho do seu primo Leo sobre o fato de que Hermann Cohen, ao traduzir os seus escritos para o hebraico, insiste para que o seu nome seja *Jecheskel* (o primeiro nome Hermann deveria ser colocado entre parênteses, diz Cohen). Então, Rosenzweig menciona uma aventura tragicômica no momento da sua circuncisão (*brit milah, Brismile*): seu tio não pronunciou o seu nome,

Rosenzweig explica que começou a traduzir principalmente para os seus amigos cristãos e para os judeus que não liam hebraico. Se, por acaso, o seu anfitrião pudesse ao menos ler hebraico, deixaria de traduzir para ele, acreditando que, mesmo incompreensível, a língua hebraica dá àquele que a profere muito mais do que qualquer boa tradução alemã. Pois, ao contrário, qualquer pessoa que se atreva a traduzir para o alemão "deve, de certo modo, traduzir em cristão" (*muss in irgendwelchem Masse ins Christliche übersetzen*).[103]

Rosenzweig condensa todas estas dificuldades em uma única frase decisiva que, como ele próprio diz, não deve ser tomada como um princípio geral, pois diz respeito a cada tradução e a cada operação de tradução singular: *Übersetzen kann nur, wer von der Unmöglichkeit innig überzeugt ist.* Apenas aquele que está verdadeiramente (profunda, intima e internamente) convencido da impossibilidade da tradução pode traduzir e se colocar a traduzir. Pode-se chegar a uma tradução, diz Rosenzweig, mas só depois de o tradutor ter concluído e compreendido, até o fim, sem exceção e incondicionalmente, que a tradução é impossível. O ato de tradução só pode ter lugar depois de se ter admitido a impossibilidade fundamental de uma tradução. Só então.

---

do que ele conclui que, para além da total ignorância e esquecimento (ele está a pensar nos primeiros anos da sua vida), o seu nome é *Levi*, tal como o nome do seu tio é *Jehuda*. "Levando-se tudo isto em conta, o meu verdadeiro nome deveria ser Jehuda ben Shmuel, que é o verdadeiro nome daquele grande homem de que sou a reencarnação em tamanho mediano a caminho do *Ibbur*: *Jehuda Halevi* [*also genau mit dem Namen des grossen Mannes, dessen mittelgrosse Wiederverkörperung auf dem Wege des Ibbur ich bin: Jehuda Halevis*]" (ROSENZWEIG, Franz. *Gesammelte Schriften II*: Briefe und Tagebücher (1918-1929). Den Haag: Martinus Nijhoff, 1979, pp. 1215/1216).

103 Notker, Luther e Hölderlin são os três autores que carregam a maior responsabilidade pela cristianização da língua alemã. Cf. ROSENZWEIG, Franz. *Gesammelte Schriften II*: Briefe und Tagebücher (1918-1929). Den Haag: Martinus Nijhoff, 1979, pp. 698/699.

Pode este aviso de Rosenzweig, que requer um trabalho dedicado à descoberta da transferência "impossível", da tradução ou réplica "impossível" "de uma língua para outra", servir-nos também, aqui, como uma analogia "impossível" da paz? Assim, seria possível fazer a paz, seria possível a alguém fazer realmente a paz na medida em que está convencido de que a paz é impossível. A fim de conciliar o hino *halévo-rosenzweigiano* com o princípio da paz impossível ou da tradução impossível, com o princípio da tradução e da "pacificação" necessárias (sem, contudo, que seja necessária a violência),[104] isolemos, no poema, os primeiros oito versos dos dois últimos. Os primeiros oito versos são tudo, menos uma introdução que, de qualquer forma, condicionaria os dois últimos versos dedicados à salvação e à paz celestial. Não são perguntas, nem orações, nem queixas.[105] O nono verso expressa apenas o fim do autocontentamento, fim certo, mas que ainda não chegou. O tempo da paz impossível por vir que anunciam os dois últimos versos eliminará o passado, tal como a redenção eliminará o tormento e a infelicidade. Dentro dos primeiros oito versos, é necessário dissociar, imediatamente, os dois primeiros versos dos seis seguintes: nestes primeiros versos, o amor precede o Deus Inimigo, precede a inimizade, precede-nos, Deus e eu, como inimigos.

---

104 Em uma entrada de seu diário datada de 27 de dezembro de 1915, Rosenzwig comenta que o pacifista mescla a língua pura com o esperanto. Cf. ROSENZWEIG, Franz. *Gesammelte Schriften II*: Briefe und Tagebücher (1918-1929). Den Haag: Martinus Nijhoff, 1979, p. 183, tomo I.

105 Ao cerco do inimigo e do perseguidor, Halevi reage de forma bastante diferente em dois poemas de oração: um deles foi traduzido por Franz Rosenzweig ("Zürnende Liebe", Brody o sinalizou como III/4), e o segundo (III/175-177) começa com as palavras: "No dia em que o inimigo me tiver invadido, eu voltarei para Ti...". Em ambos os poemas, o poeta queixa-se, geme, zanga-se e pergunta (ele fala dos seus próprios méritos e das injustiças que sobre ele se abateram) por que Deus o abandonou ao inimigo. Ele está zangado com o Senhor – daí *Zürnende Liebe*, *Amor em cólera*.

Consideremos agora o "original" alemão e o hebraico de Halevi, que difere, consideravelmente, das intervenções de Rosenzweig.

v. 1. Por toda a eternidade [*me'az*] foste (fostes) o firmamento amado [*me'on ha-ahava, hayita*];

v. 2. O meu amor habitava aninhado perto de Ti (Vós);

Mas o segundo verso, em hebraico, poderia ser interpretado a partir do primeiro da seguinte forma: desde que Vós (Senhor) sois a morada do amor ou o próprio amor, aqueles que me amam moram ali onde eu morei.

v. 3. Os insultos (feridas, ou impropérios, *tokheh*, *Züchtigungen*) do meu inimigo (*mrivi*, dos meus inimigos – plural em hebraico, singular em Rosenzweig) alegram-me (aprazem-me) por amor de Ti (em Teu nome os inimigos prolongam os Teus castigos; castigam-me com os Teus castigos e isso me alegra).

v. 4. Deixa-o – ele oprime aqueles (eu) que Tu oprimiste (pelas Tuas feridas).

v. 5. O(s) inimigo(s) [*oyev*] conheceu(em) (o inimigo experimentou) a Tua Cólera: por isso amo-o (amo-os) [*va-ohavem*];

Em hebraico, "eu amo" também poderia estar na forma futura – "amá-lo-ei".

v. 6. Pois ele(s) persegue(m) o cadáver que Tu mataste (literalmente);

Pois o seu golpe (de punho) achega-se [*radaf*] (aproxima-se, persegue, segue, acossa) à ruína (o meu corpo cansado e enfraquecido) do Teu golpe; os inimigos continuam a seguir [*radaf*] aquele que caiu, o cadáver [*halal*]. Os inimigos continuam a golpear (atacar) aquele que Tu já havia golpeado (matado, *erschlangen wurde, hukeh*); seu (ou os seus) punho(s) chega(m) ao lugar onde Tu deixaste de golpear, no lugar da Tua ausência (*Gebreste* é uma palavra muito rara e uma antiga expressão medieval para a falta, *Mangel, Ausfall*).

v. 7. Quando Tu me rejeitavas (Senhor, Vós me rejeitáveis), eu mesmo rejeitava o dia;

v. 8. Pois não posso respeitar aquele que Tu rejeitaste (logo, eu mesmo); como posso desejar apenas o bem àquele a quem Tu próprio rechaçaste?

v. 9. Até que (isto se refere ao meu respeito próprio) a Tua ira passe, e Tu envies a redenção [*padah*]

v. 10. Aos restos do Teu herdeiro, que Tu já resgataste outrora.[106]

---

106 O comentário de Rosenzweig, que se segue ao hino de Halevi (na parte inferior da página estão duas correções aos versos 6 e 8), dá a versão alemã: "Man wird dem 'Liebet eure Feinde' der Bergpredigt so wenig wie andern großen Wirklichkeiten gerecht, wenn man es als ethische Forderung, also unter dem Gesichtspunkt der Unwirklichkeit, ansieht. Die christliche Feindesliebe ist eine Wirklichkeit, wo sie – nichts andres sein kann. In diesen Stand des Nichtanderskönnens tritt sie da, wo die Kirche oder der Einzelne dem Urgebot des Christentums folgen: zu missionieren. Die Feindesliebe wird da die stärkste Waffe der Weltbezwingung, der Feind geliebt als der künftige Bruder Jüdische Feindesliebe muß also wohl etwas ganz andres sein, wenn sie wirklich sein soll. Denn hier ist die Wirklichkeit nicht die einer mit den Gnaden des Siegens, sondern mit denen des Unterliegens begnadeten Gemeinschaft. So wird hier Feindesliebe an dem Punkt entstehn, den Jehuda Halevi in diesem Gedichte enthüllt. Denn um ein Enthüllen handelt es sich; das Wirkliche ist selten das unmittelbar Ausgesprochene; das Wort fällt, wenn es objektiv zu werden versucht, leicht in die Unwirklichkeit. So wird hier die objektive Wahrheit enthüllt, grade weil nur ganz subjektiv gesprochen wird. Der Jude liebt im Feind den Vollstrecker des göttlichen Gerichts, das, weil er es auf sich nimmt – und es bleibt ihm im Gegensatz zu allen andern Menschen nichts andres übrig, denn er als einziger hat nicht die Juden zur Verfügung, die daran schuld sind –, zu seinem eigenen wird. Die Liebe, mit der ein Mensch Gott liebt, wird zum Lebensgesetz aller Liebe, mit der er Menschen lieben kann, bis hinaus in das Extrem – aber gibt es für die Liebe ein Extrem? – der Feindesliebe. "Von eh warst Du der liebe Himmelsveste. (...) Zur Übersetzung: Zeile 6: "denn den Erschlagnen hetzt er, den du schlugest". – Zeile 8: "... verwarfst, wohl Ehre".

Para que a interpretação desta tradução e do comentário de Franz Rosenzweig seja consistente na sua impossibilidade, é necessário dizer algo sobre a definição de "inimigo", em hebraico. Entre uma multiplicidade de soluções "convencionais", Halevi escolhe uma figura muito forte para designar o inimigo: *mrivi* (verso 3), aquele que perturba e estremece. Por que tal escolha? *Mrivi* é, acima de tudo, um rebelde – a palavra é derivada da raiz *marah*: aquele que instiga uma revolta, que não se submete nem a seu pai nem a Deus (*mrijbah*, que significa luta ou disputa, vem da raiz *rijv* ou *ruvb*: lutar, atacar, ser-contra). Nos versos 3 e 4, a função de *mrivi* é ofender-me e castigar-me, e não me incitar a me sublevar. Rosenzweig traduz a palavra *mrivi* como "*der Feind*", isto é, da mesma forma que a palavra *oyev*, que aparece no verso 5, mas que tem uma função diferente. Trata-se de duas formas completamente diversas que Rosenzweig reduz, unicamente e sem justificativas, à palavra *Feind*: *mrivi* injuria e insulta, *oyev* enfurece-se e fica chateado. Os versos 3 e 5 são complementares em todos os aspectos, tal como os versos 4 e 6: *mrivi* oprime-me e esmaga-me como fazia Deus, enquanto *oyev* persegue aquele meu cadáver que o Senhor já havia matado. A terceira e última figura do inimigo é o "eu mesmo". De fato, nos versos 7 e 8, eu sozinho realizo o que o Senhor provocou contra mim: desprezo-me (*buz, buzah*). Nos versos 1 e 2, o "eu" testemunha a proximidade do Senhor – um só e mesmo amor na morada do amor – enquanto no final, no limiar dos versos 9 e 10, ele promete fielmente ao Senhor desprezar a si mesmo até que passe a cólera divina. No intervalo do verso 3 ao verso 8, o "eu" não responde: ele aprova, regozija-se, ama e aceita as três figuras inimigas que finalizam o que Deus começou. Não deixamos de nos surpreender com a forma resoluta do "eu" antes que seu perseguidor apareça (versos 1 e 2) e com a confiança segura na redenção final (versos 9 e 10). É surpreendente que ele sobreviva. Depois das palavras mais duras e dos sofrimentos mais inaceitáveis e imprevisíveis, como é possível uma certeza tão serena da comunidade de todos? De fato, o verso 7 – "Quando me rejeitaste, eu mesmo rejeitei o dia" –, onde o eu que se tornou o seu próprio perseguidor sinaliza a "passagem" final para o inimigo, para Deus como o Outro absoluto,[107] dá, brevemente, esperança de que sobreviverá apenas a parte do "si" que se oporá ao *si mesmo* e *se* rechaçará para fora do hino: rechaçar-se-á a si mesmo como o verdadeiro inimigo de Deus. Mas o verso 9 desmente tal ideia: recusa essa exclusão e elimina a possibilidade de o "eu" ser uma vítima. Além disso, em nenhuma parte do texto, é mencionado que meu inimigo, que é o "instrumento" da vontade de Deus, "fica" abaixo de mim na escala de valor, mesmo quando sofro seus golpes, ou quando me junto a ele para me açoitar e me desprezar. Deus não usa os Seus e os meus inimigos para abandoná-los, uma vez cumprida sua missão, e vir abraçar-me de novo, eu que fui fortalecido por esses terríveis sofrimentos. Os inimigos de que Halevi fala, as figuras fictícias do inimigo que ele tem em mente e das quais faço parte, são diferentes de todos os inimigos possíveis e, até agora, conhecidos. Vejamos porque é assim e, ao mesmo tempo, prestemos atenção a alguns dos comentários de Rosenzweig sobre esse hino.

1) O inimigo, *der Feind* na tradução de Rosenzweig (*mrivi*, *ojev* ou *buz* em Halevi), não é o vizinho, o vizinho próximo, o outro ou o estrangeiro... nenhum destes. São descartados qualquer contexto político, qualquer "inimizade" ligada à pertença nacional e, subsequentemente, qualquer relação que identifique o inimigo conosco. Existe, por exemplo, na história, desde a primeira e mais famosa troca com o outro, uma reserva que pressupõe a réplica e a tradução de um amor em

107 "[Dass] Gott der Ganz-Andre ist..." (pois Deus é o todo-Outro) é a frase que Rosenszeig pronuncia por ocasião de sua interpretação do hino "Der Fern-und-Nahe". Cf. HALEVI, Jehuda. *Fünfundneunzig Hymnen und Gedichte*, Gesammelte Schriften IV. Boston: Martinus Nijhoff Publishers, 1983, p. 70. "O inimigo ou o Deus sobre quem não tenho poder, e que não faz parte do meu mundo, ainda permanece relacionado a mim e permite-me querer, mas um querer que não é egoísta, um querer que flui para a essência do desejo, desejo cujo centro de gravitação não coincide com o eu da necessidade, um desejo que é para Outrem" (LEVINAS, Emmanuel. *Totalité et infini*: essai sur l'extériorité. Paris: Kluwer Academic, 1961, p. 263).

outro amor. É como se, antes que o grande comando "ama o teu próximo como a ti mesmo"[108] se impusesse, já faltasse a menção à violência deste próximo, uma violência que já ocorreu e que o precede. Além disso, o amor (*ahav*) entregue deve ser um "amor traduzido", que só nós temos para conosco (quanto a nós, *kimokha*). E, apesar do fato de ser altamente inconveniente questionar o valor deste mandamento e duvidar da quantidade de amor que cada um tem por si, é evidente que a "relação" consigo e com os seus decidirá, a um só tempo, quanto ao nome desse próximo[109] e quanto à validade desse mandamento. Veremos, mais tarde, em que momento, em Levinas, a política começa e em que momento este próximo se

---

108 "*V'ahavtah le re-akha kimokha*", *Levítico*, 19, 18. – Buber e Rosenzweig modificam a tradução de Lutero desse versículo: "*Du sollst deinen Nächsten lieben wie dich selbst*" torna-se "*Liebe deinen Genossen dir gleich*". No texto "Anleitung zum jüdischen Denken", de 1921, Rosenzweig "repete" Lutero uma vez mais e compara aquela existência ao prodigioso imperativo categórico. "*Liebe deinen Nächsten – was für ein seltsamer "kategorischer Imperativ". Liebe – und geboten (...) die Geschichte von Frau Cohen*", (ROSENZWEIG, Franz. *Gesammelte Schriften III*: Zweistromland. Dordrecht: Martinus Nijhoff Publishers, 1984, p. 608). A alusão à esposa de Hermann Cohen, que se acha ao final dessa passagem, é uma alusão a dois textos de Cohen que são dedicados ao próximo: "Der Nächste" e "Die Nächstenliebe im Talmude".

109 Quem é este outro (*alter*) ou próximo, *rea*? O Judeu (*Volksgenossen*, como diz Cohen), aquele que não é judeu, mas que permanece em território judeu, o estrangeiro? Mas que estrangeiro: *goyim*, *leumim*, *sharim*, *zarim*...? *Guer*, o estrangeiro que vive entre nós e que também deve ser amado? Cf., sobre *Levítico* 17, 22, MILGROM, Jacob. "Reflections on the Biblical ger-". *In*: ______. *The Anchor Bible Commentary Series*. New Haven: Yale U. P., 2000, p. 1416; BARBIERO, Gianni. *L'asino del nemico. Rinuncia alla vendetta e amore del nemico*. Roma: EPIB, 1991, pp. 183 e 201/202. Ou *nokhri*, que é também o estranho, mas de quem é exigida uma certa distância (ver COHEN, Hemann. "Die Nächstenliebe im Talmude". *In*: ______. *Jüdische Schriften*. Berlim: C. A. Schwetschke u. Sohn, 1924, pp. 149/150). Ou *zar*, "o judeu estrangeiro como o maior inimigo possível, pois ele é o inimigo de Deus e merece como Coré a pena capital (ver SNIJDERS, L. A. *The meaning of zar in the Old Testament*. Leiden: Brill, 1953).

torna um próximo, e vice-versa. A política não começa com a defesa do próximo contra o ataque de outro próximo, que se torna, assim, o inimigo (enquanto o primeiro se tornou, como resultado deste ataque, um próximo). A política também não começa se alguém, por esta ou aquela razão, estiver mais próximo de uma pessoa do que de outra, ou se for ameaçado de antemão. A política começa com a fuga, com a esquiva, com a urgência de fugir da violência ou com a urgência (ou medo, estas duas palavras pertencem à mesma raiz em hebraico)[110] de responder a ela o mais rapidamente possível.

2) "*Es ist schwer, Gott mit deinem ganzen Herzen* [l-bebek-bekel] *zu lieben*".[111] Após repetidas tentativas de equiparar a injunção de amar a Deus com a injunção de amar ao próximo, Rosenzweig conclui, em 1921, que é difícil amar a Deus com todo o coração de modo a tornar equivalente o amor a Deus e o amor ao próximo.[112] Numa carta ao seu grande amor, Margrit Rosenstock, datada de 13 de abril de 1918, Rosenzweig experimenta, pela primeira vez, estes dois amores como um só:

> Na vida, amo a meu próximo, aquele em cujos olhos me vejo, aquele que se vê em meus olhos, e amo-o sem dúvida "sentado à sombra de Deus", amo-o "em" Deus. Sim, amo-o mais do que amo a Deus, mais do que posso amar a Deus. Pois *tem* de ser assim. Nenhum homem pode ver a face de Deus e permanecer vivo. Mas eu vejo o rosto do meu próximo enquanto eu viver. Na eternidade, porém, vejo o rosto de Deus e posso

---

110 Juízes (Choftim), 20, 3.

111 ROSENZWEIG, Franz. *Gesammelte Schriften III*: Zweistromland. Dordrecht: Martinus Nijhoff Publishers, 1984, p. 603. Cf., também, *Deuteronômio*, (*Vaethanan*), 6, 5.

112 Cf. a carta de Resenzweig a Edith Hahn de 16/01/1920. (ROSENZWEIG, Franz. *Gesammelte Schriften I*: Briefe und Tagebücher. Den Haag: Martinus Nijhoff, 1979, p. 663; ROSENZWEIG, Franz. *Der Stern der Erlösung*. Frankfurt am Main: Suhrkamp, 1996, pp. 239 e 267).

> amá-lo assim como, no tempo, posso amar apenas o meu próximo – olhos nos olhos (*Auge in Auge*).[113]

Olhos nos olhos, *Auge in Auge*, mas não olho por olho. Diante daquela que ama, negligenciando completamente a segunda parte da injunção "ama ao próximo como ama a ti mesmo", Rosenzweige acaba por encontrar o outro concreto, aquele que está aqui e que está próximo, que é mais próximo que todo próximo.[114] Neste lugar, poderíamos, sem muitos desvios ou hesitações, tocar naquele que está mais distante de Deus e, ao mesmo tempo, mais próximo que todo outro próximo: o amante, o inimigo de Halevi e o *Feind de Rosezweig.*

3) "Se se considerar a máxima do 'Sermão da Montanha', 'Ama o teu inimigo', como uma exigência ética (postulado), isto é, do ponto de vista da irrealidade, então não se pode aceitá-la como mais legítima do que qualquer outra grande realidade". É assim que começa o comentário de Rosenzweig, imediatamente carregado de algo bastante novo e incerto. Até que ponto a interpretação de Rosenzweig impõe ao poema de Halevi certas distinções – entre cristianismo e judaísmo; entre a efetividade de Hegel (*das Wirkliche*) e o real, entre o irreal e o fictício etc. – que o ocuparam durante seus anos de estudo? De que maneira a diferença no "Amor do inimigo" poderia

---

113 ROSENZWEIG, Franz. *Die Gritli-Briefe*: Briefe an Margrit Rosenstock-Hussey. Tübingen: Bilam Verlag, 2002, p. 72.

114 Talvez se deva agora salientar que a língua francesa, ao contrário do alemão, acentua a diferença entre *proche* e *prochain*. É por isso que "amar ao próximo/*prochain*" é amar alguém que segue, que sobrevém, que é o seguinte e que não está presente (precisamente como Deus), ao contrário do próximo/*proche*. O próximo/*prochain*, por esta razão, poderia ser sempre fictício como o amor para com ele. A este respeito, não é claro por que o futuro do inimigo é chamado em Levinas "o futuro do *prochain*" e não "o futuro do *proche*".

traçar a diferença, ainda mais dramática, entre cristianismo e judaísmo?

Quando Rosenzweig diz que, no cristianismo, "o amor do inimigo (*Feindesliebe*) é a arma mais poderosa para a conquista (subjugação) do mundo (*die stärkste Waffe der Weltbezwingung*), pois o inimigo é amado como um futuro irmão (*der Feind geliebt als künftige Bruder*)",[115] quando Rosenzweig antecipa, assim, as famosas ideias de Kant ou Fichte sobre a transformação do inimigo em amigo,[116] parece, então, necessário regressar a certas passagens importantes do Talmude, que evocam, de maneira talvez mais convincente, o significado dessa "transferência".[117] A seguinte observação de Rosenzweig sobre a comunidade judaica (*begnadeten Gemeinschaft*), fundada na derrota – observação que se prolonga sobre a missão e o proselitismo do cristianismo vitorioso – também está infectada pela "oposição" ao cristianismo. Talvez isso nos traga de volta, rapidamente, a Levinas e ao "direito" de uma comunidade de reconhecer o inimigo, de se defender contra ele e de bani-lo das suas fronteiras; ao "direito" de uma comunidade a ter fronteiras e ao "direito" à vitória. Poderíamos, de fato, com e ao redor de Halevi,

---

115 Paráfrase de Santo Agostinho: "et inimicos diligere, et ad hoc diligere ut sint fratres" (*In primam Epistulam Ioannis*, 1, 9). Esta passagem está envolvida em algumas partes inesquecíveis de *Der Stern der Erlösung* em que Rosenzweig, desconstruindo o conceito de "fronteira" e "sacrifício", traça a diferença entre o cristianismo e o judaísmo (ROSENZWEIG, Franz. *Der Stern der Erlösung*. Frankfurt am Main: Suhrkamp, 1996, pp. 386 e 310/311).

116 Cf. FICHTE, Johann Gottlieb. "Zwei Predigten aus dem Jahre 1791. 1. Über die Pflichten gegen Feinde". *In*: ______. *Fichtes Werke VIII*. Berlim: De Gruyter, 1971, pp. 255/256. Em seus cursos sobre a ética, Kant fala das transformações de amigo em inimigo. Cf. KANT, Immanuel. *Kants gesammelte Schriften XXVII*. Vorlesungen. 4. Band: Vorlesungen über Moralphilosophie, 1/1. Berlim: De Gruyter, 1974, pp. 429/430.

117 "Prometo que farei de teu inimigo um amigo", *Baba Metzia* II, 26. "Quem é o herói dos heróis? (...) aquele que faz de seu inimigo um amigo", *Avot de Rabbi Natan* 23. Cf. KIMELMAN, Reuven. "Non-Violence in the Talmude". *Judaism*, vol. 17, nº 3, 1968, pp. 316-334.

supor uma comunidade real-impossível – uma comunidade sem fronteiras e uma comunidade sem comunidade –, uma comunidade que aceita o inimigo (o hostil, o outro), que não o aniquila ou o transforma num irmão?

4) Como aceitar a violência sem respondê-la? Como proteger o inimigo, removê-lo do meu olhar, do olho que o assimila e o falsifica? Outro comentário sobre o hino de Halevi poderia indicar a possibilidade do fim da violência, onde Rosenzweig insiste, novamente, que só o Judeu não tem à sua disposição os Judeus (sua vítima) ("*als einziger (...) nicht die Juden [sein Opfer] zur Verfügung [hat]*"), que o Judeu assumiria, em seu lugar, a vontade de Deus. Embora o preveja, o hino de Halevi não lida com o impossível (da paz, da redenção, da salvação, etc.), mas sim, como já vimos, com a concentração e a cessação da violência. Halevi consegue isto, sobretudo, ao concentrar-se em três figuras fundamentais do inimigo (*mrivi*, *ojev* e *buz*). Todas as três palavras são sobredeterminadas por histórias bem claras e por reservas de "respostas" à violência, e é provável que não haja qualquer outro escrito que faça tal prova de amor ao provocador, ao acusador ou ao detrator (em hebraico como em todas as outras línguas).[118] Com esse ato decisivo de clivagem do *sujeito* no verso 7, Halevi consegue ligar as duas funções anteriores do inimigo (dos quatro versos anteriores) e mantê-los num só e mesmo espaço-tempo – introverso.

O início e o fim, ousemos dizê-lo, destas intermináveis análises que animam os textos de Halevi e Rosenzweig devem seguir a correção do verso 6 por Rosenzweig, ali onde o dilema principal é precisamente esta palavra: "seguir" (ou "perseguir", "acossar"). O inimigo é aquele que segue, mas também aquele que é seguido (que nós seguimos). Aqui, o inimigo é aquele que põe em prática a lei ou

---

118 O único indício de reserva diante do bem do inimigo se acha no versículo seguinte: "Quando encontrares perdidos o boi de teu inimigo (*oyibka*) ou seu asno, devolver-lho-ás", Êxodo, (*Michpatim*), 23, 4.

o poder de Deus. Ele executa o julgamento divino (*den Vollstrecker des göttlichen Gerichts*). Vejamos as duas traduções sucessivas do mesmo verso que Rosenzweig propõe, e que, dificilmente, podem ser aceitas, como ele contudo propõe, ao mesmo tempo: "*denn seine Faust trifft Deines Schlags Gebreste* [pois seu punho se junta (*radaf*) à ruina de Teu golpe]".[119]

Deus e Seu golpe devem primeiro entrar na mão do inimigo. Deus entra no punho – é assim que Rosenzweig começa. O punho do inimigo junta-se ou encontra (*trifft*) o lugar onde Deus foi atingido. *Die Faust* é a palavra que Rosenzweig escolhe para marcar o lugar e o tempo da passagem do golpe de Deus (a lei) para o golpe esperado do inimigo. Na palavra *die Faust*, Deus e o inimigo devem trocar de lugar – e entrar um no outro. Rosenzweig imagina a fuga de Deus diante do inimigo, o desencadeamento de um novo golpe, sob a forma de um punho cerrado. O inimigo deve seguir, deve prosseguir na violência que Deus já iniciou e deve levá-la a cabo até o fim. Todo o drama e a incerteza deste verso encontram-se neste lugar ainda vazio da sucessão do inimigo em relação a Deus. O inimigo é o sucessor de Deus, mas também o seu instrumento. Esta é a grande inversão a que Rosenzweig nos conduz quando "usa" os textos de Halevi. "Eu" não sou aquele (o sujeito kantiano) que é o instrumento de Deus, nem sou eu quem nomeia e segue (persegue) o inimigo, quem lhe responde, assim como Deus também não é aquele que, diretamente e sem o mínimo instrumento, "executa" o seu direito puro ou sua pura violência – eu sou o inimigo que já é designado por Deus como seu inimigo; sou eu quem recebe a violência de Deus, ou seja, a violência e a punição do inimigo que a traz até mim. Eu sou aquele com quem toda a violência futura cessa. Esta inversão

---

119 Na tradução de Rosenzweig e Buber, há apenas uma ocorrência da palavra *Gebreste*, e que indica aquilo que é alterado, corrompido: "*Verderbt hat ihm ihr Gebreste zu Unsöhnen ein krummes verrenktes Geschlecht*", *Deuteronômio* (*Haazinu*), 32, 5.

receberá uma correção suplementar: "*denn den Erschlagnen hetzt er, den du schlugest* (pois ele persegue o cadáver que Tu mataste)".[120]

Todos esses termos raros e difíceis utilizados por Rosenzweig, que anunciam o golpe e o homicídio, dependem da substituição da palavra "*hetzt*" pela palavra "*trifft*". Já não se trata do golpe que Deus desfere e que deve iniciar, imediatamente, o golpe do inimigo (no "punho", o antigo golpe de Deus e o futuro golpe do inimigo têm de se unir), uma vez que Rosenzweig fala de perseguição (*hetzen*) e anuncia o seu fim. "Até o fim", eis o sentido da nova interpretação da palavra *radaf*. Até a morte, até a nossa morte e aniquilação, esperamos por Deus, aceitando o inimigo e o fim da violência. A modificação drástica do verso 6, por Rosenzweig, entre as duas edições do poema de Yehudah Halevi não é apenas uma correção da sua tradução pessoal e demasiado livre. É, sobretudo, uma correção discreta que evidencia a sequência complexa entre as várias correções, a impossibilidade da tradução e uma inquietude prodigiosa.

Em primeiro lugar, não há qualquer vestígio ou admissão, da parte de Rosenzweig, de que a correção tenha sido o resultado de um erro relacionado, provavelmente, com o seu conhecimento tardio do versículo 27 do Salmo 69 (*Salmos* 69, 27: "Pois eles perseguiram aquele a quem tu feriste"). Em geral, a presença deste versículo é surpreendente, tendo em conta o contexto e o ritmo do salmo; igualmente surpreendentes são a repetição e a correção deste versículo por Yehudah Halevi. A hipótese segundo a qual Rosenzweig teria melhorado a primeira versão do verso 6 após conhecer esse versículo poderia ser baseada na "óbvia" correção simultânea que ele faz da tradução de Lutero: assim a tradução "*denn den Erschlagnen hetzt er, den du schlugest*" (Rosenzweig) poderia ser uma tentativa deliberada de se diferenciar do "*denn sie verfolgen, den du geschlagen*

---

120 Eis a tradução em inglês do verso 6 proposta por Barbara Galli: "*for his fist meets the ailments of Your blow*". Cf. GALLI, B. *Franz Rosenzweig and Jehuda Halevi*. Translating, Translations, and Translators. McGill Univ. Press: Montreal, 1995, pp. 125 e 252/253.

hast, und rühmen, daß du die Deinen übel schlagest"[121] de Lutero (*Salmo* 69, 26). A hipótese de que Rosenzweig não conhecia o Salmo 69 talvez não seja menos convincente, dado que Buber traduz o versículo 27 da seguinte forma: "*Denn sie jagen, den selber du schlugst, beim Schmerze deiner Durchbohrten erzählen sie sich*".[122] A tradução de Buber convence-nos de uma coisa pelo menos: após a morte de Rosenzweig, certa "harmonia na tradução" desapareceu entre ele e Buber.

Em segundo lugar, o conteúdo bastante comovente do Salmo 69, que começa com a enumeração de todos os infortúnios causados pelos inimigos (o termo *ojev*, inimigo, *Feind* aparece nos versículos 5 e 19; *ojev* também domina o Salmo precedente, da vitória), é revertido, do versículo 23 em diante, na invocação de uma terrível vingança contra esses últimos. Isto continua até o versículo 29: neste, pede-se a Deus que apague os inimigos do livro da vida (da vida futura), e que os inimigos não estejam juntos com os justos, que eles sejam excluídos ou diferenciados dos justos: "*Gewischt seien sie aus dem Buche des Lebens, bei den Bewährten seien sie nimmer geschrieben!*" (Buber). O versículo 27 marca uma pausa inesperada nesta série de punições e castigos que Deus deve infligir aos inimigos. Aqui, o salmista descreve a essência do inimigo (o que é um inimigo e o que ele faz, o porquê de um inimigo ser um inimigo) e, ao mesmo tempo, confirma que não há nada pior do que isto, e que, por esta razão (*ki*, *denn*, pois...), os inimigos devem ser punidos da "pior" maneira. Eles perseguem (*radafu*) aqueles (o povo, nós, os justos) que Tu já atingiste (*asher hiqita*), julgam (condenam, torturam, fazem sofrer) aqueles que Tu já mataste (*halalekha*).

A modificação deste versículo por Halevi deve-se, em terceiro lugar, não só ao fato de que ele inverte a ordem das palavras, mas

---

121 NT: "Pois perseguem aquele a quem tu feriste, e gabam-se de teres ferido os teus com o mal".

122 NT: "Pois eles caçam a quem mataste, e contam da dor dos que foram trespassados por ti".

também ao fato de que ele se opõe, diretamente, à vingança contra os inimigos. Que os inimigos sucedam a Deus e persigam aqueles que Deus atingiu revela não apenas que eles não são punidos, mas também que eles são necessários e que são eles que atestam a presença do amor de Deus.[123]

Radaf, Rodeif, Radûfe, radoûfe, ou *rédifâ*, perseguir, ou *léhéradêfe*, ser perseguido, ou *redifâ*, perseguição... aquele que persegue e é perseguido. *Radaf* sou eu próprio. Se alguém fosse designado pelo termo *radaf*,[124] isso suporia que ele estivesse pronto para ser violento, que quer matar e que, por esta razão, deve ser morto. *Radaf* é o inimigo. É permitido perseguir-me – Eu, o inimigo – como *radaf*, com a intenção de que o perseguidor me mate; é permitido matar-me, se não houver outra forma de salvar aquele que me persegue. Mas, isto também se aplica se não houver outra forma de salvar aquele que estou a perseguir como *radaf* (*nirdaf*, o seu antônimo, é a vítima que estou a perseguir), aquele a quem respondo por já ter sido vítima da sua violência. Contudo, apesar do fato de esta terrível perseguição poder confundir o perseguidor e o perseguido, Halevi aplica o termo *radaf* ao cadáver daquele que já era *radaf*, que já tinha sido perseguido e morto por Deus. Esta adição é dolorosa. O que há para ser exterminado em alguém que já foi exterminado uma vez?

---

123 Em *Kuzari* (I, capítulo 115), Yehudah Halevi expande a ideia de sofrimento em nome de Deus e da futura redenção esperada. Nesta passagem particularmente importante, Halevi desenvolve o tema complexo da diferenciação entre judeus nativos, e judeus convertidos, que, enquanto tal, estão para sempre privados do dom da profecia. Cf. Ver BODOFF, Lippman. "Was Yehudah Halevi Racist?" *Judaism*, vol. 38, nº 4, 1989, pp. 181 e ss.

124 *Radaf* é o agressor (o antônimo é *nirdaf*, sacrifício). Hoje em dia, a palavra *radaf* refere-se (neste ponto próximo da palavra latina *sacer*) àquele que é suspeito de trazer um perigo de morte e cujo corpo é a sua arma, aquele que se suicidará e assim matará muitos outros à sua volta... Saul também é *radaf* (*Samuel* 1, 31), na medida em que decide suicidar-se para que não tenha de sofrer a espada de outrem, e para que milhares de outros judeus não sejam executados por sua causa.

Como se fosse questão de um duplo mandamento de erradicação da violência que deve ser cumprido antes dos últimos versos em que o perseguidor e o perseguido são apaziguados: o "inimigo" deve terminar com a violência, e "eu", um cadáver, com a última possibilidade de respondê-lo.

CAPÍTULO IV

A RAZÃO DA GUERRA

Und da bin ich nun (ohne sagen zu
können j'y suis j'y reste).[125]
Cá estou, cá fico (j'y suis, j'y reste).

O segredo desta expressão, atribuída ao famoso general francês Mac-Mahon, deve-se a várias coisas. Diz a lenda que este general não se lembrava de dizer estas palavras; mas, se o fez, foi após uma proeza militar (a conquista de uma "posição" chave: a torre de Malakoff) em resposta ao aviso de um general inglês quanto à necessidade de bater em retirada, uma vez que a sua posição era demasiado fraca e uma explosão catastrófica podia ser prevista (o inimigo russo havia minado a torre ao se retirar). Em suma, se estas palavras corajosas foram ditas, só demonstram a resolução do general de não recuar, mesmo que isso significasse sucumbir. Em 1918, em Belgrado, Franz Rosenzweig, em contraste com certo general da Guerra da Crimeia – sobre a qual ele acabara de escrever –, afirmou que não poderia

125 ROSENZWEIG, Franz. *Gesammelte Schriften II*: Briefe und Tagebücher (1918-1929). Den Haag: Martinus Nijhoff, 1979, p. 613 (carta do dia 13/10/1918).

repetir Mac-Mahon.[126] Cá estou agora, em Belgrado, escreve Rosenzweig à sua mãe, mas não posso dizer: "Cá estou, cá fico". Eu estou aqui, mas não posso ficar, não aceitarei dizer "cá estou, cá fico".

Gostaria de tomar, aqui, a liberdade de colocar inteiramente em segundo plano a futura rendição da Alemanha, a paz quase garantida (estas são as primeiras palavras da carta: "Der Frieden ist ja nun ganz sicher"),[127] a malária que obrigou Rosenzweig a passar um mês num hospital militar em Belgrado, seus problemas no envio de cartas à mãe em Kassel, ou a sua espera diária por notícias do trem que deveria levar os últimos feridos do Império para longe de uma Sérvia odiada e considerada bárbara.[128] A pressa de Rosenzweig – é, agora, fácil demonstrar que ela não se justificava e que a malária que contraiu ao sul da cidade de Niš o salvou de uma morte certa[129] –, a sua derrota, como soldado e intelectual alemão, permanecem à sombra de uma derrota muito mais grave que ele finalmente admite em Belgrado. Em cartas à sua mãe datadas de 13 e 19 de outubro, Rosenzweig afirma que a paz significou que *Das blonde putzanium*,

126 Um ano antes dessa carta, Rosenzweig escreve sobre a Guerra da Crimeia no texto "L'œcoumène". Cf. ROSENZWEIG, Franz. *Gesammelte Schriften III*: Zweistromland. Dordrecht: Martinus Nijhoff Publishers, 1984, p. 333.

127 ROSENZWEIG, Franz. *Gesammelte Schriften III*: Zweistromland. Dordrecht: Martinus Nijhoff Publishers, 1984, carta do dia 13/10/1918.

128 No texto "Deutschland und der Weltkrieg" (29/08/1914), Friedrich Meinecke diz que a Áustria e a Alemanha foram provocadas a entrar na guerra porque o Estado e o povo sérvios eram incapazes de conduzir uma guerra leal (*loyale Krieg*) e honesta, e já levavam adiante uma política fanática, bárbara e criminosa. Meinecke afirma que compreender plenamente o desejo da Sérvia de fundar o seu próprio Estado nacional, mas, para que um povo o faça, é necessário que primeiro mostre que é um povo de cultura [*Kulturvolk*]. Cf. MEINECKE, Friedrich. *Politische Schriften und Reden*, Werke, t. 2. Darmstadt: Siegfried Töche-Mittler Verlag, 1958, pp. 96/97.

129 Penso aqui nos crimes cometidos contra os exércitos derrotados da Áustria e da Alemanha no território da Sérvia durante os últimos meses da guerra.

a sua ópera de guerra não publicada (*ungedruckte Kriegsopera*), definitivamente já não era mais atual. É interessante que Rosenzweig acrescenta, imediatamente, duas observações ao fato de que a guerra tinha terminado e de que sua "posição", incansavelmente "conquistada" ao longo de 1917, havia desmoronado: por um lado, nota a ruína da ideia de Europa Central ("*Mitteleuropa ist Essig*") e a futilidade da teoria de Friedrich Naumann, ponta de lança do pensamento centro-europeu;[130] por outro, nota com surpresa que ele próprio, durante toda a guerra, desejava um rei e era monarquista".[131]

Para Rosenzweig, esta posição é insustentável a ponto de não lhe permitir ficar onde está, defendê-la e, portanto, dizer: "cá estou, cá fico".

O que se passava em 1917 e qual era o projeto impossível e abortado de Rosenzweig? A fim de preservar ou mesmo corrigir as suas intenções, não devemos pensá-las contra o próprio Rosenzweig antes de pensá-las com Rosenzweig? De qualquer modo, é possível reconstruir esta tentativa? Ou só agora deve começar-se a escrever este livro sobre a guerra ("*ein Buch über den Krieg*")?

---

130 "Os centro-europeus não podem criar a Europa Central, mas a Europa Central pode criar os centro-europeus", ROSENZWEIG, Franz. *Gesammelte Schriften II*: Briefe und Tagebücher (1918-1929). Den Haag: Martinus Nijhoff, 1979, p. 612. Friedrich Naumann é certamente, do início da guerra até seus últimos anos de vida, a primeira referência do pensamento geopolítico de Rosenzweig. Rosenzweig lê os artigos de jornal de Naumann durante a guerra e refere-se frequentemente às ideias (alemãs) de uma "Nova orientação", de um "objetivo de guerra", de uma "Europa Central", da guerra necessária como criadora de um "espírito centro-europeu", como no primeiro capítulo programático, intitulado "Der gemeinsame Krieg und seine Folgen", do livro de Naumann *Mitteleuropa* (Berlim: G. Reimer Verlag, 1915, pp. 1-32).

131 ROSENZWEIG, Franz. *Gesammelte Schriften II*: Briefe und Tagebücher (1918-1929). Den Haag: Martinus Nijhoff, 1979, p. 614 (carta do dia 19/10/1918).

Existem outros conjuntos de questões que introduziriam ainda maior incerteza quanto ao estatuto do projeto rosenzweigiano. A linha de investigação poderia, por exemplo, partir do pressuposto de que tal projeto depende do fato de a guerra durar, pois parece que a paz é o inimigo declarado da escrita de uma teoria das causas e dos objetivos da guerra. Neste caso, seria importante prestar atenção aos jogos patrióticos de Rosenzweig, à influência da propaganda sobre seus textos[132] e sobre suas análises de notícias jornalísticas, bem como seu desejo incessante de antecipar movimentos no front e na política mundial, ou seja, de alinhar a construção do seu texto com o ritmo da guerra. Como compreender o seu desespero e total perda de fé no desfecho da guerra (ou seja, no destino do seu texto) logo que ele soube da destituição do Reichskanzler Bethmann-Hollweg, patriota moderado que, segundo Rosenzweig, tinha consciência do significado da guerra para a construção de uma nova ordem mundial?[133] Como compreender os seus muitos comentários diretos e intempestivos, a sua raiva perante o "desfecho da guerra" (*Kriegsausgang*) ("*Es* [o povo inglês] *ist ein barbarisches Volk*. É muito lamentável que eles [os ingleses] tenham ganho a guerra")?[134] Ou como compreender que ele tenha esperado tão impacientemente para descobrir se a América e o Japão iriam ou não à guerra, e depois que tenha mudado bruscamente o paradigma do seu texto

---

132 Cf. CREPON, Marc; LAUNAY, Marc. "Introdução". *In*: ROSENZWEIG, Franz. *Confluences*: politique, histoire, judaïsme. Paris: Vrin, 2003, p. 15.

133 ROSENZWEIG, Franz. *Gesammelte Schriften II*: Briefe und Tagebücher (1918-1929). Den Haag: Martinus Nijhoff, 1979, pp. 422/423 (carta do dia 20/07/1917). Cf. MENDES-FLOHR, Paul. *Divided Passions*: Jewish Intellectuals and the Experience of Modernity. Detroit: Wayne State University Press, 1991, pp. 323-325.

134 É um comentário escrito por Rosenzweig por ocasião de sua visita a seus primos (*die Londoner*), com os quais ele não se encontrava havia nove anos e nos quais ele detectou uma leve "mudança de essência" (*Englischkeit des Wesens*). Ver ROSENZWEIG, Franz. *Die Gritli-Briefe*: Briefe an Margrit Rosenstock-Hussey. Tübingen: Bilam Verlag, 2002, p. 621.

("Thalatta. Hegemonia marítima e liberdade dos mares", composto de mais de quarenta páginas datilografadas, foi escrito entre 23 e 27 de dezembro de 1917)?

A forma como Rosenzweig escreveu e a rapidez com que o fez conduzem-nos a um problema ainda mais complexo relativamente ao estatuto deste texto, cuja publicação foi adiada. Não penso, aqui, apenas na impossibilidade de compreender plenamente a ainda obscura "política do arquivo" (*der Dunkelheit der Archive*),[135] mas também em alguns problemas técnicos específicos na reconstrução dos manuscritos e no que eu chamaria de "ficções do arquivo". É impossível reconstruir corretamente os textos escritos em cartões postais e pequenos papéis de cartão, tal como é impossível imprimir, nos textos publicados, os comentários marginais que Rosenzweig anotou posteriormente.[136] Além disso, é praticamente impossível produzir uma edição crítica dos "textos de guerra" de Rosenzweig, uma vez que se baseiam, frequentemente, em textos e comentários jornalísticos que ele nunca citou. Finalmente, todos aqueles textos

---

135 Kant fala da "obscuridade do arquivo" na *Metafísica dos costumes*, §61. Algumas passagens muito interessantes do "Diário" de Rosenzweig permaneceram, sem qualquer necessidade, inéditas. No entanto, o documento mais significativo que ficou por publicar, embora decisivo para a compreensão dos textos de "guerra" de Rosenzweig, é a lista de livros que ele leu entre fevereiro de 1916 e agosto de 1918 ("Bücherliste"). Este documento de sete páginas tem o número "V" na *Franz Rosenzweig Collection*, AR 3001, caixa 1, pasta 3, no Instituto Leo Baeck do Centro de História Judaica (Nova Iorque). Os livros são listados de acordo com o mês em que Rosenzweig os leu, e no total, ele anotou mais de 300 títulos.

136 Exemplo perfeito é um dos textos mais importantes de Rosenzweig sobre a guerra, escrito em dezembro de 1917: "Cannes e Gorlice. Uma explicação do conceito estratégico do espaço". No manuscrito, Rosenzweig apagou sistematicamente a palavra "*Vernichtungsstrategie*" e substituiu-a por "*absolute Krieg*". Esta substituição é invulgar, tal como o longo texto sobre Clausewitz na segunda página do manuscrito (ROSENZWEIG, Franz. *Gesammelte Schriften III*: Zweistromland. Dordrecht: Martinus Nijhoff Publishers, 1984, p. 284). Cf. Franz Rosenzweig Collection, AR 3001, caixa 2, pasta 34.

que nunca foram impressos e nunca se tornaram públicos despertam constantemente fantasias em relação a sua "influência fictícia" sobre outros autores do mesmo período.

Rosenzweig dá a seu projeto de guerra[137] – nós o chamamos de "projeto de guerra" e admitimos que ele nada fora senão um "projeto" genial – outros nomes. Para além de "*Kriegsopera*" e "*Putzianum*" (a inspiração veio do seu primo Victor Ehrenberg, apelidado de Putzi, e com quem Rosenzweig trabalhou em projetos conjuntos), também o chamou de "*Hansiaca*" (porque ele estava a realizar um projeto semelhante num livro comum com Hans Ehrenberg), "*Kriegsausgang*" e "*Kriegsgrund*", ou ainda "*Theatrum Europaeum. Ein Versuch über den Schauplatz der Weltgeschichte*".[138] Em três cartas enviadas a três endereços diferentes ao longo do primeiro semestre de 1917,[139] Rosenzweig explica, em detalhe, a origem de sua ideia de um grande livro sobre a guerra e anuncia, finalmente, ter começado a redação, consciente de que não poderá realizar tudo o que contava fazer quando estivesse no front. Parece necessário admitir que o texto *Globus* – o mais longo dos cerca de dez outros textos – constitui a

---

137 Onze páginas dos textos de Rosenzweig de 1917 que contêm este projeto não foram publicadas com o nome do autor (quatro foram publicadas com um pseudônimo). Nas *Gesammelte Schriften*, esses textos foram organizados sob o título "Zur Politik", enquanto, no Instituto Leo Baeck, esses textos estão divididos em três grupos: 1. "Globus; 2. "*Vox Dei?*" e "Cannä und Gorlice" encontram-se num grande grupo de textos sob o título "*Other*"; 3. os outros oito textos aparecem sob o título "Prolegomena zur Politik".

138 Francesco Paolo Ciglia, o diretor da edição e da tradução italianas de *Globus*, acrescentou ao estudo de Rosenzweig um levantamento detalhado das cartas e notas que permitem reconstruir o seu projeto. Cf. "Sezione documentaria", ROSENZWEIG, Franz. *Globus*: per una teoria storico-universale dello spazio. Trad. S. Carretti. Genova: Marietti 2007, pp. 113-140.

139 Trata-se das cartas aos pais de 11/01/1917, a Rudolf Ehrenberg de 29/03/1917 e a Gertrud Oppenheim de 01/05/1917. (ROSENZWEIG, Franz. *Gesammelte Schriften II*: Briefe und Tagebücher (1918-1929). Den Haag: Martinus Nijhoff, 1979, pp. 334/335, 375 e 395).

parte fundamental deste primeiro projeto de livro e que os outros textos são acréscimos e miniaturas. Rosenzweig afirma que, em 1910 ou 1911, ou seja, durante a redação da sua tese sobre Hegel e o Estado, ele pretendia escrever uma história da razão da guerra (*Kriegsgrund*). Apressou-se, então, a completar o seu doutorado a fim de se dedicar o mais rapidamente possível a este trabalho, uma vez que, em 25 de novembro de 1910, nascia a Fundação Carnegie, que financiaria projetos sobre o problema da origem e das causas da guerra.[140] Nesses três textos de janeiro, março e maio de 1917, Rosenzweig especifica ainda mais alguns elementos: que ele desejava analisar as guerras de 1494 até hoje; que estava particularmente interessado na relação entre a razão da guerra (*Kriegsgrund*) e os inícios da guerra (*Kriegsanfängen*); que ele escreve principalmente, naquele momento, sobre questões de atualidade (*des aktuellen Ausgangs*); que tinha a intenção de trabalhar nos arquivos diplomáticos e examinar todos os fatores de guerra, ou seja, as razões pelas quais as guerras começam; que ele era absolutamente incapaz de escrever tal livro à época; que se ele fosse escrever este livro hoje, que, se ele escrevesse este livro naquela época, este faria parte de um livro maior (*als Teil eines grösseren*) e mais dispendioso em tempo; que, por esta razão, teve novamente que "abortar" o projeto do livro.

Parece, hoje, impossível reconstruir precisamente o "início" do projeto a que Rosenzweig se refere. Não há nenhuma nota da época do seu doutorado que confirme sua intenção de escrever um livro sobre a razão da guerra, tal como não há vestígios da *Kriegsgrund* na versão publicada de sua tese (o prefácio de *Hegel e o Estado* foi escrito após a guerra, em maio de 1920, em Kassel).[141] Alguns meses depois de defender a sua tese, Rosenzweig fala, de forma

140 A Fundação Carnegie estava organizada em três seções àquela altura: a segunda secção tinha o objetivo de "estudar as causas e o impacto da guerra".

141 ROSENZWEIG, Franz. *Hegel und der Staat*. Frankfurt am Main: Suhrkamp, 2010, pp. V-XIII.

muito entusiasmada, sobre a nova guerra, a guerra mundial que se aproxima, que está à vista, e da qual não conhecemos nem a forma nem a moralidade:

> Não estamos à beira de uma guerra [*einem Kriegen*], mas de uma era de guerras [*Epoche von Kriegen*], e, do ponto de vista europeu, já estamos em tal era [*und europäisch gesehn sind wir sogar schon drin*].[142]

Isto é tudo. Não há, entretanto, qualquer razão para excluir a possibilidade de que Rosenzweig tenha podido imaginar esse projeto como um complemento à teoria hegeliana da guerra. Da mesma forma, em outros locais da sua correspondência, Rosenzweig coloca o projeto no mesmo nível que o seu doutoramento (o seu "Hegel"),[143] e, de fato, compara, repetidamente, a sua posição em relação à guerra com a de Hegel em Jena. Contudo, é talvez necessário, de imediato, guardar alguma reserva quanto às autointerpretações de Rosenzweig sobre a "identidade" de registro entre essas duas concepções radicalmente diferentes. De fato, no seu doutorado, Rosenzweig desconstruiu (e demoliu, ao mesmo tempo), provavelmente como mais ninguém, alguns pontos-chave da teoria hegeliana do Direito sobre a guerra e sobre o Estado que "se funda em armas" (*Staat aus Waffen gestellt*).[144] Notadamente: o conceito de violência e de legitimação pela violência, o sacrifício e o sacrifício pela pátria, a ligação entre patriotismo e soberania, a analogia da soberania e do organismo. É

---

142 ROSENZWEIG, Franz. *Gesammelte Schriften II*: Briefe und Tagebücher (1918-1929). Den Haag: Martinus Nijhoff, 1979, p. 124 (Carta a Hans Ehrenberg).

143 Na carta a Mawrik Kahn que provavelmente escreveu no outono de 1919, Rosezweig qualifica seu texto "*Globus*" e seu *Hegel* como "manuscritos mortos [*gestorbene Schriften*]". Cf. ROSENZWEIG, Franz. *Gesammelte Schriften II*: Briefe und Tagebucher (1918-1929). Den Haag: Martinus Nijhoff, 1979, p. 652 (Carta a Hans Ehrenberg).

144 ROSENZWEIG, Franz. *Hegel und der Staat*. Frankfurt am Main: Suhrkamp, 2010, p. 133.

interessante constatar que Rosezweig volta a esses temas, por ocasião de uma análise do sacrifício pela pátria, somente em um texto de 1917, mas em um contexto relativamente diferente e sem a menor verve anti-hegeliana.[145] Apesar disso, o projeto de Rosenzweig sobre a guerra não foi concebido para efetivar o que Hegel, precisamente, não efetivou, a saber: pensar a guerra, encontrar e dar-lhe um sentido não como elemento constitutivo de um Estado (ou de qualquer Estado, mesmo de um só Estado mundial), mas como o fator-chave da criação de um mundo sem Estado, de um mundo sem fronteiras e de paz?[146] Nessa ótica, o projeto é, desde a origem e em sua intenção mesma, um projeto absolutamente hegeliano, ainda que sua atualização, isto é, a busca concreta, por Rosenzweig, das razões e fins da guerra, chegue a resultados radicalmente anti-hegelianos e o distancie definitivamente de seu mentor Meinecke.

> Assim, esta guerra não foi, como argumenta Meinecke, politicamente improdutiva e inútil [*zwecklos*]). (...) O erro fundamental de Meinecke (*Grundfehler*) é que ele ainda pensa em Estados (*Staaten*), não em federações de Estados (*Staatenverband*). Ele diz: as federações de Estados tornam desnecessárias as guerras, fazem com que as guerras não tragam nada de politicamente criativo, como se a guerra participasse de efeitos criativos apenas no interior dos Estados individuais. Os Estados, contudo, já não são de todo os portadores da história, mas sim as federações de Estados. É sobre as federações de Estados que age de maneira criativa a guerra, e esta guerra antes de qualquer outra. O centro da ideia pacifista, fundado nas exigências da *realpolitik* (*realpolitisch berechtigte*

---

145 ROSENZWEIG, Franz. *Gesammelte Schriften III*: Zweistromland. Dordrecht: Martinus Nijhoff Publishers, 1984, pp. 267-282.

146 "(...) o Estado em guerra toma, nesse conflito, uma forma que o conduz para fora de suas fronteiras em tempo de paz, tanto exteriormente como interiormente; o Estado em guerra é uma imagem futura de um Estado que virá quando a paz for reestabelecida". Cf. ROSENZWEIG, Franz. "Cänna und Gorlice". *In*: ______. *Gesammelte Schriften III*: Zweistromland. Dordrecht: Martinus Nijhoff Publishers, 1984, p. 294.

> *Kern*), é: a superação do nacional em um Estado federal (*die Überwindung des Nationalen im Verbandsstaat*).[147]

Esse trecho de uma carta a seus pais é uma reação viva e nervosa ao engajamento pacifista de Meinecke e a seu texto de setembro de 1917 ("*Demobilmachung der Geister*").[148] Para Rosenzweig, não foi apenas uma boa ocasião para exprimir, novamente, suas reservas em relação ao pacifismo, de mostrar, em detalhes, seus limites e sua origem militar (e também profana), ou de acentuar suas incredulidades quanto ao conservadorismo de seu mestre, mas também de explicar que não haveria paz mundial, mesmo se os Estados e os espíritos (os intelectuais) se tornassem pacifistas e se "desmobilizassem".

---

147 ROSENZWEIG, Franz. *Gesammelte Schriften I*: Briefe und Tagebücher. Den Haag: Martinus Nijhoff, 1979, p. 459 (carta do dia 01/10/1917). Os comentários sobre Meinecke prosseguem também nas cartas seguintes desse período.

148 Em nenhuma parte da sua correspondência, Rosenzweig menciona o título deste texto, que foi publicado no *Frankfurter Zeitung und Handelsblatt* de 23/09/1917 (o texto foi impresso novamente em MEINECKE, Friedrich. *Politische Schriften und Reden*, Werke, t. 2. Darmstadt: Siegfried Töche-Mittler Verlag, 1958, pp. 195-200). Meinecke é a segunda referência principal nos textos geopolíticos de Rosenzweig. Na carta aos seus pais de 30/01/1917 (p. 342), Rosenzweig anota, afora Naumann e Meinecke, os nomes de Kjellen, Leusch, Tröltsch, Simmel e Ranke como aqueles que influenciam decisivamente a execução do seu projeto sobre a guerra (o texto de Ranke de 1833 "Die grossen Mächte" é particularmente significativo para Rosenzweig; Meinecke organizou um extrato do texto de Ranke e o publicou em 1916). A estes autores, eu acrescentaria os títulos de alguns livros que Franz Rosenzweig leu e sem os quais a sua tentativa não teria sido possível: em julho de 1916, Rosenzweig leu o pequeno livro de Julius Kierst "Die antike Idee der Oekumene in ihrer politischen und kulturellen Bedeutung" (1903); em janeiro de 1917, o livro de Eugen Schiffer *Vom Kriegsgrund zum Kriegsziel* (1889); em maio de 1917, o livro de Clausewitz *Vom Kriege* (1816-1830). Cf.: Franz Rosenzweig Collection; AR 3001; caixa 1; pasta 3; Leo Baeck Institute, Center for Jewish History (New York).

É como se, para Rosenzweig, a guerra não devesse terminar antes de ter cumprido o seu papel fundamental: produzir o espaço mundial comum e a unidade dos povos, abolir os Estados, deslocar e transformar fronteiras.[149] Como se este pequeno texto programático de Friedrich Meinecke forçasse, mas também antecipasse o fim próximo da inimizade entre Estados e o fim da Primeira Guerra Mundial. A toda evidência, é possível, agora, comparar a irritação de Rosenzweig ao ler este panfleto com os dois epílogos de *Globus*. Por um lado, penso no último capítulo da primeira parte ("O œcoumène"), intitulado "Mundo", e no qual Rosenzweig afirma que "as maiores lutas, os combates pela verdadeira ideia do mundo, ainda estão por vir" – tudo isso para concluir, na última frase, que o mundo é *a priori* um mundo porque Deus, "o guerreiro" (*Kriegsmann*), criou-o desta forma[150] –; por outro lado, penso no final da segunda parte ("Thalatta").

---

149 Na introdução de "Globus", que ele escreve quando o todo do projeto estava finalizado, Rosenzweig diz: "ser delimitado [*Begrenzbarkeit*] por fronteira é a natureza [da terra], a ausência de qualquer fronteira [*Unbegrenzbarkeit*] é somente seu fim último". No começo de "L'Oeucumène", Rosenzweig prossegue: "Se não são as forças presentes, seus fins, ao menos, justificam por certo o qualificativo de guerra atual [*rechtfertigt schon dieser gegenwärtige Krieg seinen Namen*]". Parece, então, que ela é, do ponto de vista da história universal, uma transição que conduz de uma época europeia superada para uma época planetária por vir (...). O que nós chamamos de história universal nada mais é que uma transformação da terra [*das Werden der Erde*] em um espaço histórico fechado, um "mundo". (ROSENZWEIG, Franz. *Gesammelte Schriften III*: Zweistromland. Dordrecht: Martinus Nijhoff Publishers, 1984, pp. 313/314).

150 ROSENZWEIG, Franz. *Gesammelte Schriften III*: Zweistromland. Dordrecht: Martinus Nijhoff Publishers, 1984, p. 348. Na carta do dia 17/02/1917, Rosenzweig revela que ele citou a tradução de Luther "*der rechte Kriegsmann*" (*Moisés* 2, 15:3), enquanto "os Judeus chamam Deus, nas preces matinais, *Meister der Kriege, Schöpfer des Neuen*". (ROSENZWEIG, Franz. *Gesammelte Schriften I*: Briefe und Tagebücher. Den Haag: Martinus Nijhoff, 1979, p. 350).

Assim, no final de "Thalatta" – o fim deste texto é, ao mesmo tempo, o fim do texto *Globus*, o fim da tentativa de Rosenzweig, o fim e a interrupção do projeto sobre a guerra, o rastro ou resíduo do "livro abortado" que nunca foi escrito –, Rosenzweig afirma que as fronteiras e divisões do mundo perduraram, que ainda existem regiões separadas que não pertencem ao mundo (regiões demasiado afastadas que estão no mundo e que, ao mesmo tempo, não lhe pertencem) e que "a humanidade ainda não está reunida em uma só morada (*nicht im einen Hause*)".[151] Talvez devêssemos deixar de lado esta última frase paradoxal sobre uma Europa que ainda não se tornou o espírito do mundo (*die Seele der Welt*), bem como as reflexões de Rosenzweig sobre a Turquia, o Islã e o Extremo Oriente, que aparecem de tempos em tempos em seus textos políticos. A visão de Rosenzweig sobre o mundo (e não só sobre a Europa) – formulada desta forma, esta visão excede, em muito, algumas analogias sedutoras com o conceito schmittiano de *nomos* ou com a distinção schmittiana de terra e mar – permanece inacabada porque a guerra simplesmente não acabou, porque ela não cumpriu as expectativas sobre ela colocadas. Em outras palavras, Rosenzweig continua insatisfeito com o seu texto porque continua insatisfeito com o desfecho da guerra, com a forma como ela para e interrompe a sua própria escrita.[152]

---

151 ROSENZWEIG, Franz. *Gesammelte Schriften III*: Zweistromland. Dordrecht: Martinus Nijhoff Publishers, 1984, p. 368.

152 Este "drama" entre guerra e escrita se manifesta nas numerosas declarações descontroladas de Rosenzweig. Ao longo do ano de 1917, ele ficou extremamente tocado e contente com o avanço de seu texto. Às vésperas da escrita de "Thalatta", ele indica a que ponto o trabalho preparatório desse texto é significativo para ele (*Arbeit sehr wichtig*), para, quatro dias depois, queixar-se a seus pais de que este texto não lhe agradava em nada (*dass mir Thalatta garnicht mehr gefällt*). Com o passar do tempo, Rosezweig critica a forma do texto, bem como o fato de ele não ser cientificamente "objetivo", etc. (ROSENZWEIG, Franz. *Gesammelte Schriften I*: Briefe und Tagebücher. Den Haag: Martinus Nijhoff, 1979, pp. 497, 502 e 504). O argumento de Hilary Putnam de que Rosenzweig não queria publicar o seu livro *Das Büchlein vom guten und kranken Menschenverstand* porque era antifilosófico pode ser

Não se trata, contudo, somente de uma insatisfação (como era comum naqueles anos) com o desfecho da guerra. A decepção ligada ao fim da guerra, como consequência do esgotamento, de uma mobilização e de um patriotismo de muitos anos, poderia, provavelmente, ser compartilhada com Schmitt, Meinecke, Naumann. Todos escrevem sobre a guerra. Em que ponto os "usos da guerra" são, em Rosenzweig, diferentes? Por que seu trabalho sobre a história da razão da guerra se transforma, de súbito, apenas por alguns meses, em um trabalho sobre a guerra atual? Por que a escrita sobre *Kriegsgrund* e *Kriegsziel* se torna uma escrita que é uma espera do desfecho da guerra (*Kriegsausgang*)?

No decurso de 1917, no preciso momento em que o recomeça (ou regressa a ele), Rosenzweig evoca o início de seu projeto: esta referência é particularmente importante para nós. A recordação das reflexões iniciais implica um dilema sobre como e por que o trabalho, neste livro de guerra, será interrompido duas vezes e completamente posto de lado. É coerente pensar que o estudo dos textos judaicos bloqueará, por duas vezes, a construção geopolítica de Rosenzweig? Uma primeira vez, entre os anos do doutorado e a guerra, quando ele próprio se introduz a esses textos, e uma segunda vez, no final da guerra, e mesmo já no final de 1917, quando fica insatisfeito com o que tinha escrito sobre o conflito e deixa novamente de lado os textos sobre a história em favor dos livros judaicos?[153] Rosenzweig marca estas duas interrupções da mesma forma, com cinco ou seis anos de intervalo, explicando o que é a teoria judaica da guerra e por que a guerra que começou não é, em absoluto, seu problema ou sua questão.

Em 9 de outubro de 1914, ele escreve em seu diário:

---

parcialmente aplicado a *Globus*. (PUTNAM, Hilary. *Jewish Philosophy as a Guide to Life*. Bloomington: Indiana University Press, 2008, p. 19).

153 ROSENZWEIG, Franz. *Gesammelte Schriften I*: Briefe und Tagebücher. Den Haag: Martinus Nijhoff, 1979, pp. 501-503 (carta do dia 26/12/1917).

> Na diferença entre o direito à guerra na guerra religiosa e na guerra profrana reside toda a essência do judaísmo. A cristandade conhece apenas a guerra religiosa. O judaísmo conhece a ambas e, se a segunda ocorre, ele não lhe atribui nenhum primado sobre a ética da época. Isso significa igualmente que a guerra religiosa serve apenas à fundação da existência enquanto o resto do mundo permanece "muito longe de ti".[154]

Em *A estrela da redenção*, que Rosenzweig escreve imediatamente após o fim da guerra, algumas palavras são alteradas:

> Entre as partes mais significativas da nossa antiga lei está a distinção (*Unterscheidung*) entre a guerra habitual (*gewöhnlichen Kriegs*) contra um povo "muito distante" (*gegen ein "sehr fernes" Volk*), conduzida de acordo com as regras universais da lei da guerra, o que representa uma manifestação normal da vida para formas estatais de mesma natureza, e a guerra santa (*Glaubenskriegs*) contra os "sete povos" de Canaã, que permite ao povo de Deus conquistar o espaço vital de que necessita. (...) Os povos da era cristã (*der christlichen Weltzeit*) são incapazes de manter esta distinção. De acordo com o espírito do cristianismo, que não tolera limites (*Grenzen*), não há povos "muito distantes". (...) Eles nem sequer se situam no ponto de saber até que ponto uma guerra é uma guerra santa ou simplesmente uma guerra profana (*bloss weltlicher Krieg*). Em todo caso, eles sabem que de alguma forma (*irgendwie*) a vontade de Deus é cumprida nos destinos

---

154 ROSENZWEIG, Franz. *Gesammelte Schriften I*: Briefe und Tagebücher. Den Haag: Martinus Nijhoff, 1979, pp. 175/176. "Assim procederás em relação a todas as cidades situadas muito longe de ti, que não fazem parte das cidades destas nações" (Rabinato francês). Quanto a essa distinção mais atual que nunca desde a criação do Estado de Israel, ver BLEICH, J. D. "Preemptive War in Jewish Law". *Tradition*, vol. 21, nº 1, 1983, pp. 3-41; LEVEY, G. B. "Judaism and the Obligation to Die for the State". *AJS Review*, vol. 12, nº 2, 1987, pp. 175-203; WALZER, Michael. "The Idea of Holy War in Ancient Israel". *Journal of Religious Ethics*, vol. 20, nº 2, 1992, pp. 215-228.

> bélicos dos seus Estados (*in den kriegerischen Geschicken ihres Staates verwirklicht*). De alguma maneira... a maneira permanece misteriosa (*Irgendwie – das Wie bleibt rätselhaft*), (...) só a guerra decide (*entscheidet*), a guerra que passa sem ter em conta a consciência do indivíduo.[155]

"De alguma maneira... a maneira permance misteriosa". Talvez devêssemos traduzir: "a maneira permanece enigmática".

Como (*wie*) a vontade de Deus se realiza? Como Deus governa os Estados (cristãos)? Como Deus decide sobre a guerra? *Como*?

O enigma dessas questões explica, por si só, todo o esforço de Rosenzweig e seu projeto dos anos precedentes. Não há uma só frase, neste célebre trecho, que não tenha sido escrita, de uma maneira ou de outra, em seus diários ou textos de guerra. Este enigma que o atormenta e que é o segredo de seu "engajamento guerreiro" (enigma que estabelece um liame incompreensível com os povos e Estados cristãos – que correm o risco de desaparecer com a guerra – e com o Deus cristão, que decide e governa) é colocado em segundo plano por Rosenzweig. Com efeito, os dois parágrafos seguintes são uma indicação extremamente clara dirigida ao povo judeu, mas também ao Judeu, a Rosenzweig, a nós ou a quem quer que deseje se interessar pela razão da guerra no futuro. Assim como o projeto de Rosenzweig fora atravessado por textos judaicos de antes e depois da guerra, esse enigma (*das Rätsel*), em *A estrela da redenção*, se acha "entre" o saber da diferença das guerras (a "essência da judeidade", segundo as palavras de Rosenzweig) e esta mensagem de Rosenzweig ao povo judeu:

> Mas como [o povo judeu] possui, apesar de tudo, o conceito de guerra santa, ele não pode levar estas guerras (guerras puramente políticas) a sério (*ernst nehmen*). (...) De fato,

155 ROSENZWEIG, Franz. *Der Stern der Erlösung*. Frankfurt am Main: Suhrkamp, 1996, p. 367.

> dentro do mundo cristão, o judeu é o único incapaz de levar a guerra a sério (*nicht ernst nehmen kann*), e neste sentido ele é o único autêntico "pacifista" (*der einzige echte "Pazifist"*).[156] (...) O povo judeu encontra-se fora do mundo (*steht es ausserhalb der Welt*); (...) vivendo a paz eterna, ele permanece fora de uma temporalidade bélica (*steht es ausserhalb einer kriegerischen Zeitlichkeit*).[157]

Parece que esta surpreendente resistência à temporalidade do mundo e da guerra é capaz de explicar melhor a intensidade do esforço de Rosenzweig nos anos anteriores. O livro sobre a guerra que não foi escrito ("ein Buch über den Krieg") é apenas o epílogo de um "sobreinvestimento messiânico", extremamente complexo de Rosenzweig. São necessárias algumas condições para a resolução do enigma que Rosenzweig preparou, intensivamente, em antecipação da guerra ou do juízo final (*göttliche Gericht*):[158] é necessário, insiste Rosenzweig, pensar "essa" guerra como se (*als ob*) fosse a última;[159] fugir do chauvinismo ingênuo; implantar um pensamento catastrófico (*katastrophal denken*), e não apenas uma forma de

---

156 As aspas em "pacifista" acham-se igualmente na primeira edição de *A estrela da redenção* (ROSENZWEIG, Franz. *Der Stern der Erlosung*. Frankfurt am Main: Suhrkamp, 1996, p. 416).

157 ROSENZWEIG, Franz. *Der Stern der Erlosung*. Frankfurt am Main: Suhrkamp, 1996, p. 368.

158 "Der Krieg ist ein 'göttliches Gericht', aber kein einfaches Strafgericht, sondern 'Krisis', Scheidung, Böcke und Schafe". (ROSENZWEIG, Franz. *Gesammelte Schriften I*: Briefe und Tagebücher. Den Haag: Martinus Nijhoff, 1979, p. 350 (carta do dia 17/02/1917).

159 Cf. o texto intitulado "Paralipomena": ROSENZWEIG, Franz. *Gesammelte Schriften III*: Zweistromland. Dordrecht: Martinus Nijhoff Publishers, 1984, p. 90. Ciglia afirma que esses fragmentos, encontrados há cerca de trinta anos, foram escritos em 1917, e não em 1916. Ver ROSENZWEIG, Franz. *Globus*: per una teoria storico-universale dello spazio. Trad. S. Carretti. Genova: Marietti 2007, p. 126.

pensar "diferencial" (*differential*);[160] a diferença e a unidade entre a guerra, "o pai de todas as coisas", e a paz, "a mãe de todas as coisas", é preenchida no destino do mundo; a razão secreta (*der geheime Grund*) da guerra (mundial) e da história reside no fato de que os povos estão em busca de seu espírito, de um mundo sem fronteiras e de um mundo sem povos (distantes); a razão da guerra (*Kriegsgrund*) sobrepõe-se sempre à sua finalidade (*Kriegsziel*);[161] o Messias chega somente ao final guerreiro da história do mundo (*nur im kriegerischen Ablauf der Weltgeschichte*); "hoje", o Messias vem (*"Heute" kommt Messias*).

Entretanto, "hoje" "não é ainda o verdadeiro 'hoje' [*es ist noch nicht das rechte 'Heute'*]".[162]

---

160 ROSENZWEIG, Franz. *Gesammelte Schriften III*: Zweistromland. Dordrecht: Martinus Nijhoff Publishers, 1984, p. 72.

161 ROSENZWEIG, Franz. *Gesammelte Schriften I*: Briefe und Tagebücher. Den Haag: Martinus Nijhoff, 1979, p. 586 (carta do dia 03/07/1918). Na construção desses sobreinvestimentos "messiânicos" de Rosenzweig, utilizei o livro de Daniela Toti: *Franz Rosenzweig*: possibilità di una fondazione della nuova filosofia nella storia. Roma: Gregoriana, 2000, pp. 202-209.

162 ROSENZWEIG, Franz. *Gesammelte Schriften III*: Zweistromland. Dordrecht: Martinus Nijhoff Publishers, 1984, p. 91.

CAPÍTULO V

"PAZIFISTISCHER ZUG"

Em Rosenzweig, as políticas de utilização das aspas invertidas – que são certamente uma consequência da sua leitura repetida de Hegel, "o mestre das aspas" – podem determinar, talvez, uma possível "ética da guerra", que tem sido da maior importância nos últimos anos. As minhas próprias aspas no sintagma "ética da guerra" expressam uma hesitação quanto às interpretações rosenzweigianas da guerra e do pacifismo, quanto à sua influência sobre a teoria da guerra justa (ou melhor, injusta) dentro da tradição política judaica. Portanto, relegando para segundo plano a confrontação dos usos, por vezes forçados, das "aspas" em Hegel e Rosenzweig, gostaria de tentar reconstruir, de uma forma preliminar, a influência (im)possível (ou "possível") dos textos de Rosenzweig (cartas, diários, textos curtos) sobre o pensamento contemporâneo da guerra. Tentarei compreender, à luz das suas reservas em relação ao pacifismo, seu projeto de uma teoria da "razão da guerra" (*Kriegsgrund*) que, *de facto*, ele se recusou a elaborar e completar ("o judeu é propriamente a única pessoa incapaz de levar a guerra a sério"). Parece-me que os seus comentários obscuros e sua interpretação altamente original do pacifismo; que a sua oposição e depois a sua concordância com o pacifismo (com a "seita selvagem" dos pacifistas)[163] oferecem as melhores condições de demonstrar a dificuldade de pensar uma guerra justa, ou seja, de justificar a última guerra messiânica. Três perguntas: os textos de Rosenzweig sobre guerra e paz, os seus argumentos, as suas hesitações e as suas constantes mudanças de posição têm qualquer utilidade para as polêmicas atuais sobre as últimas e novas guerras? É possível pensar com Rosenzweig as guerras pluridecenais do Estado de Israel e as novas teorias éticas sobre a guerra e o direito à guerra? Ou será que a "política messiânica" de Rosenzweig e a sua tentativa de pensar a "guerra messiânica" apenas se relacionam com o futuro, um futuro que "retira" o presente, que "atrai" e "abre" o "hoje" que ainda não é o verdadeiro "hoje"?

Essas três questões muito diferentes e complexas deixam clara a minha intenção de mostrar que os textos de Rosenzweig sobre o pacifismo poderiam ser uma introdução à sua "teoria" do messianismo. Apesar do caráter não sistemático e inconsistente de Rosenzweig quanto à definição de pacifismo (de guerra, de messianismo etc.) e, apesar das minhas próprias hesitações em manter as "sugestões" de Rosenzweig livres de simplificações excessivas e demonstrações estritamente argumentativas, a distinção original que ele faz entre dois tipos de pacifismo oferece uma compreensão diferente da guerra e das novas guerras (que me permito chamar de "últimas" guerras). Para Rosenzweig, o "pacifista ideal" (isto é, o judeu) e o povo judeu são os verdadeiros protetores do segredo da distinção entre os diferentes tipos de guerra e, assim, desempenham um papel específico na sua compreensão da guerra.

O capítulo de *A estrela da redenção*, que Rosenzweig intitulou posteriormente "Os povos do mundo: política messiânica", constitui o que poderíamos chamar de seu testamento "político".

---

163 Na carta a Gritli de 27 de dezembro de 1918, Rosenzweig escreve: "*Quisque patimur suos manes* – todos temos nosso próprio pacifista na família, vós também; é uma seita selvagem [*jeder hat seine einigen Pazifisten in der Familie, ihr ja auch; est ist ein wilde Sekte*".

Essas páginas, que servem de introdução ao curto e obscuro capítulo "A eternidade da promessa", no qual ele insiste que "a verdadeira eternidade do povo eterno permanece estrangeira e irritante para o Estado e a história universal",[164] fornecem uma explicação decisiva sobre o povo judeu, que finalmente "chega ao objetivo" (*am Ziel*):

> No ciclo de seu ano, o porvir é a força motriz [*die bewegende Kraft*]; o movimento circular [*die kreisende Bewegung*] não nasce, a partir de certo ponto de vista, de um empurrão [*durch Stoss*], mas de uma tração [*sondern durch Zug*]; o presente expira não porque o passado o empurra para a frente [*Vergangenheit sie weiterschiebt]*, mas porque o futuro o puxa para si [*sie heranreisst*].[165]

Rosenzweig explica a diferença entre esses dois termos polêmicos empregados na primeira parte da frase, *Stoss* e *Zug*, precisando, na segunda parte, que o presente expira, sobretudo, porque o "futuro o puxa para si". O futuro, que é tal qual uma força (o futuro não *possui* uma força, diz Rosenzweig, mas *é* uma força), *puxa* o presente. A construção dessa frase – na qual a topologia, a ação ou o movimento messiânico são, provavelmente, descritos "da maneira mais clara" – poderia ser uma introdução ideal à teoria do tempo messiânico. A precisão de Rosenzweig não reside em uma simples oposição à força do futuro, quer seja pela força do passado, quer seja pela substituição de um movimento de empurro por um de tração, mas no emprego do termo *Zug* (*sondern durch Zug*). Em que sentido o termo "*Zug*", em toda sua equivocidade, pertence verdadeiramente ao "registro messiânico" e por quê? E quais são as relações dessa palavra com a violência e a guerra? Se compararmos os outros usos da palavra "*Zug*" no momento da redação de *A estrela da redenção*

---

164 ROSENZWEIG, Franz. *Der Stern der Erlösung*. Frankfurt am Main: Suhrkamp, 1996, p. 377.

165 ROSENZWEIG, Franz. *Der Stern der Erlösung*. Frankfurt am Main: Suhrkamp, 1996, p. 364.

– e essa palavra se repete, de forma bastante particular no fim da guerra em 1917/18 –, haveria uma boa justificativa para pensar o messianismo no quadro da guerra e vice-versa?

Rosenzweig usa, várias vezes, a palavra *Zug*, nomeadamente em "*Zug um den Mund*", uma frase que hoje em dia se tornou rara em alemão. No entanto, parece-me mais significativo que ele persista em associar as palavras "pacifismo" e "*Zug*". Três variantes, que são bastante similares e que vou tentar distinguir e explicar, mostram como Rosenzweig resolve os seus dilemas no que diz respeito ao pacifismo. É como se o pacifismo, no sentido que Rosenzweig o entende, fosse um "movimento" que aproximasse a guerra e o messianismo. O pacifismo seria então a condição incondicional da guerra messiânica.

As duas primeiras variantes do "movimento pacifista" (o "sinônimo" básico menos errado para *Zug* poderia ser "movimento") são ligadas a uma brusca orientação "revolucionária": esse termo, que está presente explicitamente nas duas frases de Rosenzweig, mostra a natureza revolucionária do movimento do futuro, ou seja, ele é "revolucionário" como um *Zug*, como um messianismo se opondo ao empurrão (*Stoss*). O sintagma *durch Zug* supõe a brusca e surpreendente atração de algo escondido, situado em um orifício. O "messiânico" tem aqui um duplo sentido: por um lado, ele sempre está aí como algo em gestação no presente (hoje "não é ainda o verdadeiro 'hoje'") e, por outro lado, manifesta-se sempre de uma só vez, em um choque. A atração ou a tração de algo por um choque brutal não tem nada a ver com a costumeira atração por graus, que opera por etapas e passo a passo. Essas duas primeiras formulações de Rosenzweig são totalmente complementares: a primeira, "Robespierre também tinha um traço pacifista na boca [*Auch Robespierre hatte den pazifistischen Zug um den Mund*]";[166] a segunda:

---

166 Carta a Gritli do dia 10 de novembro de 1918. Cf. EUGEN ROSENSTOCK-HUEASSY FUND. *The "Gritli" Letters*. West Haven, 2022. Disponível em: https://www.erhfund.org/gritli-not-chosen. Acessado em: 28.11.2023.

> mas eles simplesmente não podiam se parecer com Lênin, um mongol de Jensen, sem crueldade, ora essa!, prenhes de "traços pacifistas" não apenas na boca, mas ao redor de todos os orifícios, dos olhos, das orelhas, das narinas, etc. – prefiro me calar igualmente ao redor da... e do... [*Aber so wie Lenin dürfen sie nicht aussehen, das ist ja Jensens Mongole, nur ohne – leider ohne – Grausamkeit, sondern lauter "pazifizistischer Zug" nicht bloss um den Mund, sondern um alle Körperöffnungen, Augen und Ohren und Nasenlöcher und – ich möchte darauf schwören: auch um ... und um...*].[167]

Se seguirmos de texto em texto, e particularmente de letra em letra, o esforço que faz Rosenzweig para dar um sentido ao pacifismo (para não o rejeitar), constataremos que sua insatisfação se manifesta sempre quando ele encontra dificuldades para "integrar" o pacifismo, como desejo sem reserva de paz, à guerra e ao militarismo. Sua ideia é exatamente a de que o pacifismo deve servir a guerra e que ele está incorporado ao militarismo, mas sua insatisfação é, antes de mais nada, uma "insatisfação linguística" e uma resistência a toda "poetização".[168] Estamos lidando, nesses dois exemplos "revolucionários", com orifícios ou, mais exatamente, com rastros (caracteres, linhas, traços) de pacifismo "ao redor [*um*]" deles. Os orifícios se situam, antes de qualquer coisa, no rosto, e a expressão "*Zug um*

---

167 Carta de Rosenzweig a Eugen Rosenstock do dia 15 de dezembro de 1917 (EUGEN ROSENSTOCKHUEASSY FUND. *The "Gritli" Letters*. West Haven, 2022. Disponivel em: https://www.erhfund.org/gritli-not-chosen. Acessado em: 28.11.2023). Essa passagem foi suprimida das obras escolhidas de Rosenzweig. Ver: ROSENZWEIG, Franz. *Gesammelte Schriften I*: Briefe und Tagebücher. Den Haag: Martinus Nijhoff, 1979, p. 489. A correspondência publicada de Rosenzweig, assim como seus *diários* foram sistematicamente censurados, e diversas páginas foram frequentemente deixadas de lado sem nenhuma explicação. Cf. Franz Rosenzweig Collection; AR 3001; caixa 1; pasta 17-19.

168 Cf. as cartas dos dias 17 de agosto e 17 de setembro de 1916. (ROSENZWEIG, Franz. *Gesammelte Schriften I*: Briefe und Tagebücher. Den Haag: Martinus Nijhoff, 1979, pp. 204 e 214).

den Mund" permite a Rosenzweig também considerar o pacifismo como uma "careta da guerra", a exemplo da retórica do engajamento em favor da paz em Robespierre e Lênin. É preciso deixar de lado agora aquilo que, provavelmente, há de mais atrativo nesses dois exemplos: não somente, por um lado, a metáfora do orifício que reaparece diversas vezes em Rosenzweig (a "tumba" e o "precipício" são algumas das variantes), ou os orifícios do corpo de Lênin onde se "agrupam", além do pacifismo, os rastros de Hegel nos textos de Rosenzweig: penso aqui, notadamente, nas passagens da *Filosofia da natureza* onde Hegel fala da diferença sexual e nas passagens da *Estética* onde é tratada a questão do pudor.

Em que consiste a intervenção de Rosenzweig sobre o pacifismo e sobre o adjetivo "pacifista"? Apesar de o "pacifismo" deixar rastros e poder ser localizado "ao redor dos orifícios"; apesar de ser solidário a uma ação brutal que Rosenzweig chama de *Zug* (a guerra e o militarismo não são os únicos a serem brutais, o pacifismo também o é obviamente), Rosenzweig sempre tem dificuldades para determinar o pacifismo em relação à guerra. Não é claro se o pacifismo é um acréscimo ou um "equipamento" de guerra, se ele a precede ou a sucede, se ele é simultâneo ou nela se interioriza profundamente, se ele nasce no seio do inimigo contra quem guerreamos. Todas estas "posições" do pacifismo no campo da guerra são determinadas pelo principal dilema de Rosenzweig: o pacifismo impede e contraria a guerra que está acontecendo, que está se transformando em guerra mundial e depois em "guerra(s) messiânica(s)"? Ou, ao contrário, ele produz e apressa a vinda de uma nova era, uma vez que possui o conhecimento da única paz verdadeira que sobrevém precisamente após a última guerra?

Tendo em conta as suas muitas peripécias – recordemos que, em agosto e setembro de 1916, Rosenzweig estava convencido de que o pacifismo tinha de ser abandonado porque a "última paz" (*Endfrieden*) não é uma obra humana (*Menschenwerk*), mas um ato de Deus (*Einwirkung Gottes*),[169] e, em dezembro de 1922, ele menciona novamente a inadequação da crença no pacifismo e do poder da "arma espiritual"[170] –, é agora possível insistir em duas das suas propostas relativas à função do pacifismo na guerra (na "guerra messiânica e mundial"). Ambas repousam sobre o consentimento de Rosenzweig à violência e sobre a convicção de que é possível atingir, pela guerra, aquilo que não se pode obter pela paz, ou seja, repousam sobre sua teoria dois tipos de paz e de pacifismo. Rosenzweig tem certeza, como Benjamin também, que a violência pode produzir algo (por exemplo, que ela funda um novo direito ou que, por meio dela, o antigo direito se transforma em um novo). Do mesmo modo, de um ponto de vista geopolítico, a construção teológica ajuda Rosenzweig a afirmar que a guerra tem uma função transicional, uma vez que, *só por meio da guerra*, pode-se operar a transição dos Estados-nação e da Europa para o planeta e o mundo, como se a guerra fosse uma espécie de sujeito (Deus) que decide sozinho sobre o seu início, a sua duração e o seu fim ("*Der Krieg ist der große Entscheider*").[171] Na carta aos seus pais de 1° de setembro de 1916,[172] que tem importância e alcance incomuns, Rosenzweig fala da paz anterior a qualquer guerra possível, aquela que existe no paraíso (*paradiesischen*), e da paz após a(s) guerra(s), aquela que reina no tempo do Messias e do império de mil anos. A primeira

---

169 ROSENZWEIG, Franz. *Gesammelte Schriften I*: Briefe und Tagebucher. Den Haag: Martinus Nijhoff, 1979, p. 204 (carta do dia 17 de agosto de 1916). A nota extraída dos *Diários* foi escrita em setembro de 1916, pp. 90/91.

170 ROSENZWEIG, Franz. *Gesammelte Schriften I:* Briefe und Tagebücher. Den Haag: Martinus Nijhoff, 1979, p. 874 (carta do dia 12 de dezembro de 1922).

171 Rosenzweig fala frequentemente da guerra que decide e julga, sobretudo nos textos *Globus* e "Vox Dei? Die Gewissenfrage der Demokratie". (ROSENZWEIG, Franz. *Gesammelte Schriften III*: Zweistromland. Dordrecht: Martinus Nijhoff Publishers, 1984, p. 279).

172 Cf. a carta de Rosenzweig a seus pais do dia 1° de setembro de 1916 (ROSENZWEIG, Franz. *Gesammelte Schriften I*: Briefe und Tagebücher. Den Haag: Martinus Nijhoff, 1979, pp. 210-214).

paz (o estado de natureza ou paz natural) sobre a qual se molda o pacifismo materialista é uma paz entre as criações e as coisas que não têm qualquer ligação entre si, onde as fricções e as dissensões são reduzidas ao mínimo, e as identidades e as entidades são completamente separadas umas das outras. Nas relações internacionais, a paz é assim estabelecida sobre a tolerância de todos os povos. A segunda paz ou a Segunda Paz mundial, idealista e messiânica (*idealistischen, messianischen*), na qual se engaja o pacifismo idealista e que surge após a última guerra – Rosenzweig sugere que este é o pacifismo dos pensadores alemães – acentua a proximidade entre os povos e as gentes, ou seja, questiona as razões da guerra e tenta transformá-las em razões para a paz, com vistas a uma nova vida em comum. A condição desta paz e o papel do pacifismo idealista no pensamento de Rosenzweig, repito, reside na(s) última(s) guerra(s).

Com tal estratégia, que, de fato, refere-se à distinção schmittiana entre paz e pacifismo,[173] Rosenzweig consegue defender a ideia de um engajamento pacifista no quadro das suas opiniões sobre a guerra mundial catastrófica, entendida como o início de uma nova época e de um novo pensamento. Assim, parafraseando a sua analogia entre guerra, conversa e vida no famoso texto "O novo pensamento", poder-se-ia dizer que a paz deve começar precisamente com a guerra, não com um tratado de paz, como desejam

173 Apesar do número de semelhanças entre Schmitt e Rosenzweig (a relação com o pacifismo, a obsessão com a geopolítica, a tematização da figura do inimigo, a distinção original entre terra e mar etc.), não há provas de que se leram um ao outro. Schmitt menciona de passagem Rosenzweig nos seus diários do pós-guerra, publicados como *Glossarium* (Berlim: Duncker & Humblot, 1991), na página 153, quando evoca a tragédia da assimilação na Alemanha. Nos arquivos *Schmitt* de Düsseldorf, há alguns ficheiros que confirmam o forte interesse de Schmitt por Benjamin, Scholem, Bloch, Marcuse, Lukacs, etc. Com base na minha pesquisa, contudo, não há qualquer indicação nestes arquivos de que Schmitt tinha conhecimento de algum dos textos de Rosenzweig escritos sob pseudônimo ao tempo da Primeira Guerra Mundial.

os pacifistas "materialistas". A guerra precede a paz e deve, de fato, vir em primeiro lugar.

Encontramos, ao final da carta a seus pais do dia 06 de janeiro de 1917, duas contribuições originais à história da guerra pensadas para resolver o "dilema pacifista". Pouco depois de Guilherme II ter proposto a paz aos inimigos em 12 de dezembro de 1916, Rosenzweig escreve que acabava de compreender claramente o pacifismo:

> De fato, o pacifismo é – isso se tornou claro para mim nestes últimos dias, desde o 12 – um acessório necessário à guerra. Não se faz a guerra para coagir o adversário [*um den Gegner zu zwingen*] – isso seria completamente impossível a longo prazo –, mas para o subjugar [*unterwerfen*], substituir a minha vontade à sua. O vencedor não quer fazer do vencido um instrumento [*Werkzeug*] (porque não o pode fazer a longo prazo), mas o seu escravo. O objetivo do vencedor não é a *aniquilação* do inimigo [*Vernichtung des Feindes*], mas a criação de um novo *contrato*. Mas isto pressupõe que o adversário tenha uma parte de "nostalgia da paz" [*Friedenssehns*], e a tarefa mesma da guerra é despertá-la. Quando essa vontade de "paz a qualquer preço" torna-se mais forte do que a capacidade de sofrer (heroísmo), então é tempo de paz. Isto também é verdade, claro, se houver dois vitoriosos em vez de um. É por isso que o pacifismo é "tão antigo como" a guerra (isto é, guerra humana visando à escravidão; os animais que só conhecem a guerra de aniquilação tampouco têm pacifismo).[174]

Entre todas as reservas que podemos ter ao ler esta passagem controversa, gostaria de insistir a respeito de dois momentos potencialmente decisivos para uma ética de guerra. Primeiro, o pacifismo ou a "nostalgia da paz" (*Friedensehnsucht*) é um acréscimo necessário

---

174 ROSENZWEIG, Franz. *Gesammelte Schriften I*: Briefe und Tagebücher. Den Haag: Martinus Nijhoff, 1979, pp. 327/328 (carta aos pais do dia 06/01/1917).

à guerra que a impede de deixar de ser uma guerra; segundo, o pacifismo é encontrado na guerra sempre no adversário, no outro. Parece que a "nostalgia da paz" ou o desejo de "paz a qualquer preço" (*Frieden um jeden Preis*) não vêm do nada e acidentalmente, mas fazem parte do conflito militar; parecem pertencer à essência da violência e da coerção, e, portanto, provir de dentro da própria guerra. Apesar do significado familiar das palavras *Zug* e *Zubehör* (acessório), e das suas conotações eventuais, o "movimento" pela paz vem da própria guerra. A guerra convida à paz e prossegue nela; a paz desperta na guerra. A guerra é sucedida por uma comunidade completamente nova na qual os adversários se aproximam e coexistem de uma forma totalmente nova.

Voltemos a 1917, quando Rosenzweig usa a expressão "*pazifistischer Zug*" por uma terceira e última vez – que aqui não se refere nem a Lênin, nem a Robespierre. Um texto de seu orientador Friedrich Meinecke ajuda, novamente, Rosenzweig, por algum viés desconhecido, a remover qualquer incerteza sobre o pacifismo. Desta vez, é o pacifismo "materialista" que Rosenzweig acredita ser o verdadeiro vencedor de qualquer guerra: mas, em vez de somente querer (*will*) a guerra e a liberdade, ele nada mais faz que as criar, "*pax* ('*Landfrieden*') *und Libertät*".[175] Na carta aos seus pais de 1° de outubro de 1917, Rosenzweig descreve o erro fundamental de seu orientador. Cito novamente essa carta:

> Assim, esta guerra não foi, como argumenta Meinecke, politicamente improdutiva e inútil [*zwecklos*]). (...) O erro fundamental de Meinecke (*Grundfehler*) é que ele ainda pensa em Estados (*Staaten*), não em federações de Estados (*Staatenverband*). Ele diz: as federações de Estados tornam desnecessárias as guerras, fazem com que as guerras não tragam nada de politicamente criativo, como se a guerra participasse

175 ROSENZWEIG, Franz. *Gesammelte Schriften I*: Briefe und Tagebucher. Den Haag: Martinus Nijhoff, 1979, p. 462 (carta aos pais do dia 06/01/1917).

> de efeitos criativos apenas no interior dos Estados individuais. Os Estados, contudo, já não são de todo os portadores da história, mas sim as federações de Estados. É sobre as federações de Estados que age de maneira criativa a guerra, e esta guerra antes de qualquer outra. O centro da ideia pacifista, fundado nas exigências da *realpolitik* (*realpolitisch berechtigte Kern*), é: a superação do nacional em um Estado federal (*die Überwindung des Nationalen im Verbandsstaat*).[176]

Isso mostra também, continua Rosenzweig, que a ideia do Estado nacional e liberal é, no seu início, *einen pazifistischen Zug*. Estas duas fórmulas, a pessimista – que o pacifismo não alcança a verdadeira paz mundial, mas apenas uma paz imperial limitada por fronteiras e governos – e a otimista – que o pacifismo "idealista" faz parte da máquina que destrói as fronteiras estatais –, deslocam o sentido da expressão "*pazifistischer Zug*". A ideia de Estado nacional e liberal não possui um *Zug*, mas é um *Zug*, e isto desde o início, no momento em que ela começa a se constituir. Contudo, o que é, de fato, o início da sua constituição é precisamente o início do seu fim. Pois ser ou ter um "*pazifistischer Zug*" significa finalmente deixar de ser (um Estado nacional) ou ter (uma soberania). Assim, Rosenzweig encontra dentro do próprio Estado – cujas principais características são a violência (o direito), a guerra e a revolução – precisamente o que o destrói por completo. Pode-se considerar o "*pazifistischer Zug*" como um elemento desconstrutivo e afirmativo que se acha nos fundamentos e no interior do próprio Estado nacional, como sugerido por certas passagens do capítulo "Os povos do mundo: política messiânica", no qual Rosenzweig fala com surpreendente inspiração da resistência do povo judeu a obter um Estado e assim pertencer aos povos do mundo. Rosenzweig afirma que há, no Estado, algo oposto ao povo judeu, algo totalmente alternativo, que tem precisamente a força paradoxal de retirar a eternidade do povo

---

176 ROSENZWEIG, Franz. *Gesammelte Schriften I*: Briefe und Tagebucher. Den Haag: Martinus Nijhoff, 1979, p. 459 (carta do dia 01/10/1917).

eterno. Rosenzweig afirma, com efeito, a capacidade que o Estado possui de realizar algo completamente novo e alternativo ("se o Estado conseguisse o que pretende") e de fazer que o "povo se torne mestre de seus inimigos".[177] Não prefigura ele, aqui, um possível "*pazifistischer Zug*" do Estado de Israel?

Mas quem tem acesso ao mundo (à paz mundial) e quem é o sujeito ideal do pacifismo? Quem pode ser o portador desse processo de acordo com Rosenzweig? A formulação paradoxal de Rosenzweig que acaba por resumir todos os seus dilemas relacionados ao pacifismo, como eu já disse, encontra-se no mesmo capítulo de *A Estrela da Redenção*: "Os povos do mundo: política messiânica". À guisa de preâmbulo, passemos à carta aos seus pais de novembro de 1917, na qual Rosenzweig privilegia um internacionalismo judeu baseado no pacifismo em lugar do sionismo:[178]

> Em contraste com esta vida permanentemente colocada diante da guerra santa, o povo judeu tem doravante a sua guerra santa atrás de si num passado mítico. Portanto, todas as guerras que ele ainda pode experimentar [*dir es noch erlebt*] são para ele guerras puramente políticas [*rein politische Kriege*]. Mas como [o povo judeu] possui, apesar de tudo, o conceito de guerra santa, ele não pode levar estas guerras (guerras puramente políticas) a sério (*ernst nehmen*). (...) De fato, dentro do mundo cristão, o judeu é o único incapaz de levar a guerra a sério (*nicht ernst nehmen kann*), e neste sentido ele é o único autêntico "pacifista" (*der einzige echte "Pazifist"*).[179] (...) O povo judeu encontra-se fora do mundo (*steht es ausserhalb der*

---

177 ROSENZWEIG, Franz. *Der Stern der Erlösung*. Frankfurt am Main: Suhrkamp, 1996, pp. 369 e 372.

178 ROSENZWEIG, Franz. *Gesammelte Schriften I*: Briefe und Tagebücher. Den Haag: Martinus Nijhoff, 1979, p. 459 (carta aos seus pais do dia 21/11/1917).

179 As aspas em "pacifista" acham-se igualmente na primeira edição de *A estrela da redenção* (ROSENZWEIG, Franz. *Der Stern der Erlösung*. Frankfurt am Main: Suhrkamp, 1996, p. 416).

> *Welt*); (...) vivendo a paz eterna, ele permanece fora de uma temporalidade bélica (*steht es ausserhalb einer kriegerischen Zeitlichkeit*).[180]

O judeu é o "pacifista" autêntico porque ele não pode levar a sério as guerras que os Estados cristão fazem entre si. Por duas vezes Rosenzweig sublinha que o judeu "não pode" dar sentido às guerras políticas. Elas são estrangeiras a ele pois não pertencem ao conceito (*Begriff*) de guerras religiosas. A despeito de Rosenzweig dizer, no capítulo precedente ("*Glaubenskrieg*"), que, diferentemente dos povos cristãos, o povo judeu conhece dois tipos de guerra e que ele é o único a conhecer, ainda, sua distinção, e a despeito do fato de Rosezweig descobrir, talvez, a possibilidade de um terceiro tipo de guerra (no qual se misturam o religioso e o político), o povo judeu permanece por completo fora do mundo e fora de uma "temporalidade guerreira" (*kriegerischen Zeitlichkeit*). Eis a passagem do capítulo "*Glaubenskrieg*":

> Em todo caso, eles sabem que de alguma forma (*irgendwie*) a vontade de Deus é cumprida nos destinos bélicos dos seus Estados (*in den kriegerischen Geschicken ihres Staates verwirklicht*). De alguma maneira... a maneira permanece misteriosa (*Irgendwie – das Wie bleibt rätselhaft*), (...) só a guerra decide (*entscheidet*), a guerra que passa sem ter em conta a consciência do indivíduo.[181]

Essas frases poderiam, em realidade, muito bem serem interpretadas por meio da "chave messiânica". Existem guerras entre Estados e entre povos (os povos arriscam aí a aniquilação – para Rosenzweig, essa é a característica fundamental das guerras "políticas") sobre

180 ROSENZWEIG, Franz. *Der Stern der Erlosung*. Frankfurt am Main: Suhrkamp, 1996, p. 368.

181 ROSENZWEIG, Franz. *Der Stern der Erlosung*. Frankfurt am Main: Suhrkamp, 1996, p. 367.

as quais decide, de uma maneira estranha e totalmente enigmática, "a vontade de Deus" ou "a guerra sozinha". Será realmente possível que tais guerras também sejam completamente sem sentido para o judeu e, portanto, para Rosenzweig? Não consiste todo o esforço de Rosenzweig em superar, dentro da tradição política judaica, a distinção rigorosa entre os dois tipos de guerra, e refundar a ideia das últimas guerras messiânicas? Se deixarmos de lado as dúvidas de Rosenzweig, a sua insatisfação com o desfecho da Primeira Guerra Mundial e o seu abandono do projeto sobre a razão da guerra, o que significa então não prestar atenção às guerras políticas e ser o único "pacifista" autêntico?[182]

Parece-me que a verdadeira resposta a estas questões espinhosas não só poderia justificar a atualidade dos "argumentos" rosenzweigianos sobre a guerra (trata-se antes de "esboços de argumentos",

---

182 Quando prestamos atenção à intenção de Rosenzweig de operar, em sua época, a distinção entre dois tipos de guerra dentro da tradição judaica, e de encontrar uma terceira solução que corresponda à guerra mundial e ao conflito entre os povos da época, ele está repetindo seguramente o esforço de Maimonides. Rosenzweig não usa a expressão cristã "guerra santa" (ao contrário de seu tradutor francês), eliminada por Maimonides (*Mischna Yadaim* 4:4; Maimonides, *Sefer ha-mitsvot* 187). Em seguida, como Maimonides, Rosenzweig, em virtude da inexistência do Sinédrio, que pressupõe a existência de guerras políticas, hesita e comete uma imprecisão: ou todas as guerras são reduzidas às guerras puramente políticas dos outros povos (a frase "todas as guerras que ele ainda pode conhecer [*dir es noch erlebt*] são guerras puramente políticas [*rein politische Kriege*]" não significa que as guerras políticas "judaicas" também sejam possíveis; da mesma forma, embora essas guerras políticas possam não ser "sérias" e "importantes", isto não implica que seja impossível participar delas); ou as guerras políticas se reduzem às guerras religiosas ou messiânicas. Para Maimonides, a guerra obrigatória de seu tempo teria sido a guerra "para acudir Israel de todo opressor que se abatesse sobre eles [os sete povos]" (*Hilkhot Melakhim*, 5. 1). Não existe tal construção no *Talmude*, nem existem outras formas de guerra obrigatória (*milchemet hashihrur*, guerra pela independência) entre os seguidores contemporâneos de Maimonides, como Yehudah Amital e Yitzhaq Kaufman, que faleceram recentemente.

de intuições, de sugestões), mas também explicar, talvez, uma época da história do povo judeu que Rosenzweig não tinha em mente – o Holocausto, a formação do Estado de Israel, as guerras por ele vividas, as novas guerras (preventiva, assimétrica etc.) para o governo mundial etc. Embora Rosenzweig, no seu manifesto político "Os povos do mundo: política messiânica", situe o povo judeu no extremo oposto de qualquer Estado e de qualquer conflito entre Estados do mundo, seria possível, contudo, defender a lógica do seu projeto, "relacionando-a" com a existência do Estado de Israel. Da mesma forma, parece-me importante que nos dediquemos a conservar a harmonia paradoxal de seu projeto em face das mudanças ocorridas após a sua morte. Defender o engajamento de Rosenzweig no interior de uma tradição política judaica complexa exigiria três momentos:

1) A frase "*Der Jude ist der einzige echte 'Pazifist'*" precisa ser depurada, por um lado, de ambiguidades ligadas ao uso de aspas na palavra "pacifista", e, por outro, da aproximação entre as palavras "autêntico" e "pacifista" – o que leva à questão de saber se o judeu é realmente o único, autêntico e verdadeiro pacifista, ou se ele é o único, autêntico e verdadeiro "pacifista" (no segundo caso, ele é o único e verdadeiro pseudopacifista, ou o verdadeiro pacifista que não é um pacifista, um "pacifista militante"). Uma vez depurada, esta frase nos leva de volta à palavra-chave *der einzige*. Somente o judeu é o verdadeiro pacifista idealista. Neste sentido, o judeu não está interessado em guerras puramente políticas, mas apenas naquilo que se segue a elas – a verdadeira "paz a qualquer preço" que as interrompe; Deus (a guerra) é quem decide quanto a seu fim; o Messias é quem transforma as guerras políticas em guerras últimas pela proclamação da paz eterna.

2) Rosenzweig mantém a distinção *de facto* entre a guerra religiosa e guerra habitual (*gewöhnlichen Kriegs*),[183] mas abre

183 Rosenzweig toma de empréstimo, com toda certeza, a diferença entre as guerras mandatária, comandada, obrigatória (*milchemet miztvah*),

com muita prudência um campo onde essa distinção pode ser enfraquecida. A existência de uma grande guerra mundial permite a Rosenzweig construir a ideia de guerra(s) política(s) que não tem(têm) o direito de interromper a si própria(s) antes das últimas guerras messiânicas. Somente a última guerra pode se deter; e isto quando a vontade de Deus lhe colocar fim ou quando o inimigo aceitar a paz incondicionalmente. Esta é uma novidade na história do pensamento e da justificação da guerra.[184]

3) A nova guerra mundial, a existência do Estado de Israel e as guerras que trava não desqualificam necessariamente o projeto de Rosenzweig ou a grandeza de um povo que a certa altura "alcançou o objetivo". Não é uma questão de retração nem de expansão de um Estado, mas, acima de tudo, de uma nova aceleração da história... ou do sacrifício... da restauração do que Rosenzweig uma vez chamou de *pazifistischer Zug*.

---

discricionária, autorizada e voluntária (*milchemet reshut*) (*Babylonian Talmude*, *Sotah* 44b; *Mishnah*, *Sotah* 8:70; *Mishneh Torah*, *Hilkhot Melakhim* 5:1) dos célebres comentários de Hirsch. Cf. HIRSCH, S. R. *Der Pentateuch*. *5*. Deuteronomium. Frankfurt am Main: V. J. Kaufmann, 1878, pp. 331 e ss.

184 Há, hoje, algumas importantes tentativas de religar outras formas à distinção antiga entre dois tipos de guerra. Cf. a ideia de "*pre-emptive*" ou "*preventive war*" em SOLOMON, Norman. "The Ethics of War: Judaism". *In*: SORABJI, Richard; RODIN, David (Coord.). *The Ethics of War*: Shared Problems in Different Traditions. Burlington: Ashgate, 2006, p. 111; "*banned*" ou "*forbidden war*" em WALZER, Michael. "War and Peace in the Jewish Tradition". *In*: NARDIN, T. (Coord.). *The Ethics of War and Peace*: Religious and secular perspectives. Princeton: Princeton University Press, 1996, p. 97; "*wars of defense*" em FIRESTONE, Reuven. "Holy War in Modern Judaism? 'Mitzvah War' and the Problem of the 'Three Vows'". *Journal of the American Academy of Religion*, vol. 74, nº 4, 2006, p. 968.

CAPÍTULO VI

AQUELE RETROGOSTO DE VIOLÊNCIA: DA VIOLÊNCIA CONTRA A VIOLÊNCIA

Gostaria de tentar explicar a ligação entre três violências: por um lado, a violência de alguém, a minha violência, a violência de Levinas ou a violência do Estado que responde a esta primeira violência; por outro lado, a "violência contra a violência", para parafrasear uma famosa hesitação de Levinas quanto ao "direito à violência";[185] finalmente, o gosto da violência que permanece na boca, na garganta, "aquele retrogosto de violência"[186] ou "algum retrogosto de desgosto".[187]

Antes de abordar este resto e introduzir a questão do terceiro em Levinas (ou seja, o estatuto da política, do Estado e da instituição – a legitimidade da "violência necessária" e da "necessidade

---

185 Cf. LEVINAS, Emmanuel. *Nouvelles lectures Talmudeiques*. Paris: Minuit, 1996, p. 70.

186 LEVINAS, Emmanuel. "Textes messianiques". *In*: ______. *Difficile liberté*: essais sur le judaïsme. Paris: Albin Michel, 1963, p. 109.

187 LEVINAS, Emmanuel. *De Dieu qui vient à l'idée*. Paris: Vrin, 1982, p. 66.

ética" são expressões que Levinas muito raramente usa), eu gostaria de prefaciar minhas observações apontando algumas dificuldades. Elas são três: Levinas encontra-as quando coloca em questão toda hospitalidade e toda abertura ao outro (à violência do outro ou à violência do próximo). Essas três dificuldades ou essas três hesitações de Levinas têm sua origem na fenomenologia, em uma relação de fidelidade e resistência a Husserl:

1) A primeira dificuldade diz respeito à violência limitada. Parece-me que as primeiras explicações de Levinas sobre o que é exatamente a violência não permitem limitar violência extrema ou a violência de aniquilação.[188] Levinas dá a impressão, pelo contrário, de que a primazia do outro é infinita, que a aceitação do outro é incondicional e que a hospitalidade é absoluta, sem qualquer fronteira. Em quatro textos do início dos anos 50, Levinas considera a violência como uma "negação parcial"[189] – o assassinato como negação total já sendo, em 1951, suavizado pelo fato de Levinas repetir, constantemente, que é impossível matar na presença do rosto de outrem, "face a face".[190] Embora essas primeiras definições de violência sejam

188 A expressão "absolutamente outro" (em 1957, Levinas diz que essa expressão é de Jankélévitch; ela vem também de Hegel) jamais recebe conotação negativa. Quando Levinas utiliza, em certos trechos, a palavra "inimigo" ou "inimizade/hostilidade", ele busca exclusivamente sublinhar a figura que é absolutamente outra e que não é passível de assimilação. "O inimigo ou o Deus sobre o qual eu não *posso poder* e que não faz *parte* do meu mundo permanece ainda em relação comigo e me permite querer, mas um querer que não é egoísta, um querer que escorre na essência do desejo cujo centro de gravidade não coincide com o eu de uma necessidade, um desejo que é para outrem" (LEVINAS, Emmanuel. *Totalité et infini*: essai sur l'extériorité. Paris: Kluwer Academic, 1971, pp. 212/213).

189 LEVINAS, Emmanuel. "L'ontologie est-elle fondamentale (1951)". *In*: ______. *Entre nous*. Paris: Grasset & Fasquelle, 1991, p. 22.

190 LEVINAS, Emmanuel. "L'ontologie est-elle fondamentale (1951)". *In*: ______. *Entre nous*. Paris: Grasset & Fasquelle, 1991, p. 22: "estar em relação com outro face a face – é não poder matar". Levinas evoca

marcadas pela influência de Eric Weil,[191] Levinas desenvolve três novas ideias: primeiro, "violenta é qualquer ação em que se age como se agisse sozinho; é violenta, consequentemente, qualquer ação que soframos sem sermos em todos os aspectos seus colaboradores";[192] dois anos depois, em *Liberté et commandement*, Levinas mostra que tudo se passa como se a violência viesse de fora e não existisse, em princípio, entre dois seres; a terceira ideia é encontrada em "*Le moi et la totalité*", um dos textos mais importantes, no qual ele descobre a origem da verdadeira violência fora da "sociedade íntima" ("sociedade de amor", "sociedade fechada", casal, entre-dois) – "verdadeira" sociedade que remete ao terceiro ("terceiro homem", "terceira via", "tu"' "verdadeiro", "multiplicidade do terceiro").[193] No entanto, Levinas dessacraliza totalmente este espaço da violência e da injustiça, caracterizando-o como espaço dos negócios e das mercadorias, do corpo e do dinheiro (não nos esqueçamos que a ideia da justiça, para Levinas, é econômica antes de tudo: somente uma justa reparação pelo dinheiro pode interromper a história da violência humana).[194] Ademais, mesmo se o terceiro implica a existência de uma

---

pela primeira vez o "rosto" no texto "Le temps de l'autre", lido em 1946-1947 e publicado em 1948.

191 Em "Éthique et esprit" (1951), Levinas menciona o *Logique de la philosophie* (1951) de Weil pela importância de sua concepção da violência "na oposição ao discurso" (LEVINAS, Emmanuel. *Difficile liberté*: essais sur le judaïsme. Paris: Albin Michel, 1963, p. 19).

192 LEVINAS, Emmanuel. *Difficile liberté*: essais sur le judaïsme. Paris: Albin Michel, 1963, p. 20.

193 LEVINAS, Emmanuel. "Le moi et la totalité". *Revue de Métaphysique et de Morale*, nº 4, 1954, p. 358 (reeditado em *Entre nous*, pp. 25-52). Notemos que Jacques Derrida analisa esse texto em "Violence et métaphysique".

194 Levinas fala de justiça econômica, enquanto Derrida fala sem cessar da "exigência da justiça como direito" em *Adieu*.

"ferida real",[195] ele não parece ser o sujeito da violência. Levinas fala, sem cessar, na primeira pessoa: sou eu quem pode ferir o terceiro e o lesar.[196] Sou em quem traz a violência, que fere – não o outro ou o terceiro.

2) Isso nos conduz à segunda dificuldade encontrada por Levinas: quem é o sujeito da violência e quem a sofre? Quem é violento? Eu (o mesmo), o outro ou o terceiro? O propínquo (*proche*) ou o próximo (*prochain*)[197]? Ou o Estado? Ou ainda Deus? Quem deve se defender, quem deve proteger quem, quem fere quem? Não teríamos em todas essas questões, que Levinas repete e formula constantemente, as primeiras questões sobre a constituição do sujeito e as fronteiras da intersubjetividade? Por outro lado, como diminuir a violência ou como apagá-la? Se o perdão e a vingança não podem quebrar o círculo infernal da violência ("o mal engendra o mal e o perdão encoraja-o ao infinito"),[198] o que nos resta? Seria necessário, talvez, subverter aqui os primeiros fundamentos dos textos levinasianos: não

---

195 LEVINAS, Emmanuel. "Le moi et la totalité". *Revue de Métaphysique et de Morale*, nº 4, 1954, p. 360.

196 LEVINAS, Emmanuel. "Le moi et la totalité". *Revue de Métaphysique et de Morale*, nº 4, 1954, p. 365.

197 NT: O português não dispõe, ao contrário de línguas como o francês (*proche*, *prochain*) e o espanhol (*próximo*, *prójimo*), de palavras diferentes para se referir ao próximo como: i) o muito chegado, o familiar, o parente; e ii) o outro, o vizinho ou o semelhante. Foi preciso introduzir artificialmente essa diferença, como no caso das traduções inglesas, que opõem *kin* e *neighbour*. A pouco usual palavra "propínquo" será utilizada para traduzir o "*proche*", uma vez que mantém toda a semântica da parentela e guarda a memória do advérbio latino *prope*. "Próximo" traduzirá "*prochain*".

198 LEVINAS, Emmanuel. "Le moi et la totalité". *Revue de Métaphysique et de Morale*, nº 4, 1954, p. 373. Nesse texto, Levinas avança a hipótese de uma justiça que pode interromper a violência. Lembremo-nos que Levinas não une ainda estritamente a justiça ao Estado ou ao Direito. De resto, Levinas utilizará o termo "direito", posteriormente, de forma bastante esporádica. O problema da interrupção da violência

nos dizem as histórias de violências atrozes e assassinatos que o rosto não interrompe o crime, mas antes o contrário? E que as razões pelas quais a violência existe poderiam explicar a ausência do outro? Por acaso seria a violência possível porque o outro (ou terceiro) não está presente?

3) A terceira dificuldade é metodológica e provavelmente a mais complexa. Parece-me indispensável explicar de forma sistemática e cuidadosa o que Levinas entende por "instituição", o que significa para ele "instituir". Esta exigência preliminar permitiria ver as proximidades e distâncias de Levinas em relação a Husserl,[199] mas também algo de muito mais significativo. Quando Levinas escreve, em 1977, sobre o terceiro, sobre a justiça, sobre minha relação com outrem (que é "sempre a relação com um terceiro"),[200] ele insiste no seguinte:

> É preciso comparar, pesar, pensar, é preciso fazer a justiça, fonte da teoria. Toda a recuperação das instituições – e da

---

em *Autrement qu'être ou au-delà de l'essence* (1974) será resolvido apelando para a paciência.

199 Penso, aqui, na compreensão levinasiana dos conceitos originalmente husserlianos do "instituir" (*stiften*, *urstiften*), assim como nos primeiros leitores e tradutores em francês de Husserl que escreveram sobre a instituição (Merleau-Ponty, Ricoeur, Lyotard). Paradoxalmente, Levinas é o responsável por ter retirado a consistência e a singularidade desses termos ao traduzir a palavra alemã *Urstiftung*, nas *Meditações cartesianas* (1929), de duas maneiras diferentes. No parágrafo §38, Levinas e Pfeiffer (Alexandre Koyré supervisionou a tradução) traduzem *Urstiftung* por "formação primeira"; depois, no célebre §50, por "criação primeira". Cf. HUSSERL, Edmund. *Méditation Cartésiennes*: introduction à la phénoménologie. Paris: Vrin, [1931] 1992, pp. 135 e 181.

200 LEVINAS, Emmanuel. *De Dieu qui vient à l'idée*. Paris: Vrin, 1982, p. 132.

> própria teoria – da filosofia e da fenomenologia – explicitar o aparecer – faz-se, penso eu, a partir do terceiro.[201]

É preciso seguir com atenção a dezena de ensaios e de variações a respeito dessa frase, na qual Levinas para explica a ligação entre a filosofia e a instituição que é o Estado.[202] Desde 1953, ele escrevia: "conceber e realizar a ordem humana é instituir um Estado justo, que é, por conseguinte, a possibilidade de superar os obstáculos que ameaçam a liberdade. É a única forma de preservá-la da tirania".[203] E prosseguia em 1982: "Há um acordo possível entre ética e Estado. O Estado justo virá dos justos e dos santos bem mais que da propaganda e da predicação".

A filosofia (teoria, fenomenologia) deve introduzir a justiça na instituição ou no Estado. Neste ponto, formularei imediatamente duas perguntas: a filosofia é responsável pela regulação da violência ("da oposição contra o mal pela violência", da "legitimidade da violência", da "justiça da violência", da "necessidade ética", "eticamente", "eticamente necessária") e age ela de modo a que a

---

201 LEVINAS, Emmanuel. *De Dieu qui vient à l'idée*. Paris: Vrin, 1982, p. 132.

202 "As instituições e o próprio Estado podem ser encontrados a partir do terceiro que intervém na relação de proximidade. Podem-se deduzir as instituições a partir da definição de homem mais como 'lobo do homem' do que como refém do outro homem? Qual a diferença entre as instituições que nascem de uma limitação da violência e aquelas que nascem de uma limitação da responsabilidade? Ao menos esta: no segundo caso, podemos nos revoltar contra as instituições em nome daquilo que as deu à luz". (LEVINAS, Emmanuel. *Dieu, la Mort et le Temps*. Paris: Grasset, [1976] 1993, pp. 211/212. Cf. também LEVINAS, Emmanuel. *Autrement qu'être ou au-delà de l'essence*. Martinus Nijhoff: La Haye, 1978, pp. 248, 251, 256 e 263; LEVINAS, Emmanuel. *Totalité et infini*: essai sur l'extériorité. Paris: Kluwer Academic, 1961, pp. 276, 282 e 284).

203 LEVINAS, Emmanuel. *Liberté et commandement*. Paris: Fata Morgana, 1994, p. 39.

violência seja justa? A filosofia introduz um elemento de justiça na violência ou na guerra?

A primeira questão decorre, de fato, das famosas afirmações de Levinas, em *Totalité et infini*, de que, no Ocidente, a filosofia produziu a guerra e está estruturada como ela (como a guerra injusta e criminosa, é claro). A segunda questão é particularmente problemática: como a filosofia de Levinas faz justiça à instituição, ao Estado ou ao Estado mundial, às leis etc.? Esta pergunta supõe a resposta àquela sobre como ler e traduzir Levinas hoje, como escrever sobre ele, se e como sua teoria pode funcionar em um espaço anglo-saxão e em Israel, nas novas discussões sobre a "ética da guerra" (*ethics of war*), sobre a autodefesa e a defesa das populações civis, sobre a imunidade das populações não combatentes (*noncombatant*), sobre *permissible killing*, sobre guerra assimétrica etc.

Se eu tivesse que esboçar uma breve resposta a esta questão maior da intervenção de Levinas sobre as instituições existentes ou sobre uma instituição ideal por vir (mas sempre presente no gesto filosófico), eu começaria com o inapagável rastro da violência. Nos textos e comentários messiânicos escritos na década de 1950 (e publicados em 1963), que estão em perfeita harmonia com a concepção econômica de justiça delineada acima, Levinas reflete pela primeira vez em detalhe sobre a violência dos outros (dos malvados) e sobre a possibilidade de uma violência justa. Ele questiona certas passagens do Talmude e prevê a vinda do terceiro (do outro, do mais próximo, do Messias) "como uma pessoa que vem pôr milagrosamente fim às violências que governam este mundo".[204] Fora o fim da violência e da opressão política nos tempos messiânicos, Levinas teme, particularmente, que o Messias não ponha fim à pobreza e à violência social. Eis algumas frases inesquecíveis:

---

204 LEVINAS, Emmanuel. *Difficile liberté*: essais sur le judaïsme. Paris: Albin Michel, 1963, p. 83.

> O fim das violências políticas está separado do fim das violências sociais? Schmouel anuncia o paraíso dos capitalistas: não há mais guerra, não há mais serviço militar, não há mais anti-semitismo; mas as contas bancárias permanecem intocadas e o problema social continua sem solução? Um texto paralelo – pois há muitos textos paralelos no Talmude – não indica as razões dadas por Schmuel em favor de sua tese: "Não há diferença entre a era messiânica e este mundo a não ser o fim da violência e da opressão política, pois é dito na Bíblia (Dt 15,11): 'Os pobres não desaparecerão da Terra' (Berachoth, 34 b)?"[205]

Este problema inaugura um outro: de que maneira a violência e a injustiça serão suprimidas? Levinas prossegue:

> Porque no momento messiânico ele deve sacrificar os maus para os bons. Porque, no ato justo, ainda há uma violência que causa sofrimento. Mesmo quando o ato é razoável, quando o ato é justo, ele envolve uma violência (...). É também por isso que o engajamento necessário é tão difícil para o judeu, é por isso que o judeu não pode se engajar sem se desengajar imediatamente, é por isso que ele fica sempre com esse retrogosto de violência, mesmo quando ele se engaja em uma causa justa; o judeu nunca poderá entrar em guerra com suas bandeiras desfraldadas, com os acentos triunfantes das músicas militares e com a bênção de uma Igreja.[206]

Levinas muda de perspectiva e deixa de definir o ato violento como tal. O ato injusto ou justo (razoável) contém uma violência,

---

205 LEVINAS, Emmanuel. *Difficile liberté*: essais sur le judaïsme. Paris: Albin Michel, 1963, pp. 86-87. Em um texto de 1969 sobre o judaísmo e a revolução, Levinas retoma a questão da violência justa (uma violência que pode pôr fim a toda violência futura), da necessária violência contra o mal e o "Deus dos exércitos".

206 LEVINAS, Emmanuel. *Difficile liberté*: essais sur le judaïsme. Paris: Albin Michel, 1963, pp. 108/109.

provavelmente porque traz dor e sofrimento ao outro (o malvado, o injusto). No entanto, esta violência não pode apagar nem a justiça nem o caráter razoável. Mas, inversamente, a violência não pode dissimular nem esquecer o Estado, a comunidade, a coluna em marcha, a Igreja ou a religião. A amargura na boca ou o resto de violência na garganta – noutra passagem, Levinas evoca o "gosto residual das cinzas e do pó" da existência de Abraão[207] – é de fato a condição do testemunho de que a violência existiu (e é iminente) e de que há sempre uma responsabilidade eterna para com ela. Esse resto de violência, que *a priori* se encontra em cada testemunho de Levinas e explica o seu discurso sobre a responsabilidade pelo outro, leva-nos a questionar a violência que o outro faz contra o terceiro, ou o terceiro contra o outro. Mas, repito com Levinas, esse "retrogosto de violência" elimina absolutamente o meu discurso ou o meu testemunho sobre a violência cometida contra mim. Esta é a grande inovação de Levinas.

Na célebre entrevista de Levinas do dia 28 de setembro de 1982,[208] trata-se igualmente do Estado de Israel, do judeu e da violência que o outro faz ao terceiro e o terceiro faz ao outro. Antes e depois dessa entrevista, em consonância com as dificuldades de uma

---

207 LEVINAS, Emmanuel. *Nouvelles lectures Talmudeiques*. Paris: Minuit, 1996, p. 92.

208 Cf. LEVINAS, Emmanuel *et al.* "Israël: éthique et politique". *Les Nouveaux Cahiers*, vol. 18, nº 71, 1983, pp. 1-8. Essa entrevista foi constantemente criticada nos últimos anos na Inglaterra e nos Estados Unidos. Ver, por exemplo, ZIZEK, Slavoj. "The well-known fiasco of Levinas". *In*: ______. *Organs without Bodies*. Londres: Routledge, 2003, p. 106. A entrevista foi traduziada para o inglês com o título "*Ethics and politics*" em HAND, Seán (Coord.). *The Levinas Reader*. Londres: Basil Blackwell, 1989. A título de introdução a essa tradução, explica-se, à página 288, a gênese do incidente ocorrido em 15 de setembro, quando os "soldados cristãos massacraram várias centenas de pessoas em um campo palestino em Sabra e Chatila e as forças armadas israelenses nada fizeram. Desde o começo, Begin recusou um pedido de investigação após ter anunciado no New York Times de 26 de setembro de 1982: "*Goyim kill Goyim, and they immediately comme to hang the Jews*".

constituição justa para o Estado de Israel, Levinas evoca "minha" resistência legítima à violência. Em 1977, ele dizia:

> minha resistência começa quando o mal que [outrem] me faz é feito a um terceiro que é meu próximo. O terceiro é a fonte da justiça; e assim da repressão justificada; é a violência sofrida pelo terceiro que justifica que interrompamos com violência a violência do outro.[209]

Na entrevista "Filosofia, justiça e amor", concedida entre 03 e 08 de outubro de 1982, Levinas deslocará e inverterá a perspectiva:

> Quando falo de Justiça, eu introduzo a ideia da luta contra o mal, separo-me da ideia de não-resistência ao mal. Se a autodefesa é um problema, o "carrasco" é aquele que ameaça o seu próximo e, neste sentido, apela à violência e já não tem um Rosto (...). Aqui se abre, então, toda a problemática do carrasco: a partir da justiça e da defesa do outro homem, meu próximo, e jamais a partir da ameaça que me concerne (...). Há uma certa medida da violência necessária a partir da justiça (...). Há uma parte de violência no Estado, mas que pode comportar a justiça. Isso não quer dizer que não se deve evitá-la na medida do possível; tudo que a substitui na via entre os Estados, tudo que se pode deixar para a negociação, para a palavra, é absolutamente essencial, mas não se pode dizer que inexiste violência legítima. (...) Outrem vos concerne mesmo quando um terceiro o faz algum mal e, por conseguinte, estais diante da necessidade da justiça e de certa violência. O terceiro não está ali por acidente. Em certo sentido, todos os outros estão presentes no rosto de outrem. (...) "Oferecendo minha face àquele que bate" ... mas sou o responsável pela perseguição dos meus próximos. Se pertenço a um povo, esse povo e meus propínquos são também meus

---

209 LEVINAS, Emmanuel. *De Dieu qui vient à l'idée*. Paris: Vrin, 1982, p. 134.

próximos. Eles têm direito à defesa como aqueles que não são meus propínquos.[210]

Encontramos uma variação dessa ideia em "Violência do rosto", uma entrevista de 1985: "a violência é originalmente justificada como a defesa do outro, do *próximo* [*prochain*] (seja ele meu parente ou meu povo!), mas é violência para alguém".[211]

Levinas jamais tematiza a diferença entre próximo (*prochain*) e propínquo (*proche*). Talvez seja essa a primeira razão por que "*proche*" é traduzido em inglês como "*kin*", como "alguém que é/está *near*" (o *prochain* é sempre um "vizinho"). Entretanto, o propínquo é alguém que está mais próximo que o próximo (o propínquo pode ser meu amigo e, contudo, pertencer a uma outra nacionalidade). Levinas di-lo implicitamente. Repetirei algumas das sugestões de Levinas que seriam os requisitos de um texto futuro sobre seu problema principal: a "autodefesa". Podemos ou devemos nos defender do outro (do terceiro)? Quem pode e deve, e quando?

Essas questões permanecem subordinadas à transformação do meu temor (aquele de Levinas) de ferir o terceiro (em 1954) e de meu temor pelo inocente (em 1969) em "meu temor por outrem"[212] (em 1983). Levinas introduz, assim, voluntariamente, a possibilidade de que um outro ou um terceiro possa agir com violência. E sua

---

210 LEVINAS, Emmanuel. "Philosophie, justice et amour". *In*: ______. *Entre nous*. Paris: Grasset & Fasquelle, 1991, pp. 123-125.

211 LEVINAS, Emmanuel. "Violence du visage". *In*: ______. *Altérité et transcendance*. Saint-Clément-la-Rivière: Fata Morgana, 1995, p. 173. Parece-me que o "próximo" (o outro no sentido moral do termo, como diz Levinas) aparece pela primeira vez no texto de 1967 intitulado "Langage et proximité". Levinas escreve-o em maiúscula, o *Próximo*. No prefácio de *L'au-delà du verset: lectures et discours Talmudeiques*, escrito em setembro de 1981, Levinas fala de "meu povo" e de "sua" família que, assim como os estrangeiros, demandam justiça e proteção (são os *outros*, que me são meus *propínquos*, e meus *próximos*.

212 LEVINAS, Emmanuel. "La conscience non intentionelle". *In*: ______. *Entre nous*. Paris: Grasset & Fasquelle, 1991, p. 148.

resposta é explícita: sou responsável por isso porque devo usar da violência para proteger o outro, devo morrer pelo outro, sacrificar-me pelo outro etc. Dois elementos novos aparecem: diferentemente de Heidegger, minha preocupação é sempre uma preocupação com o outro; diferentemente de Hobbes, a existência necessária de um Estado justo (uma instância protetora) é a consequência de meu temor em relação à vida e à segurança de outrem.[213]

Eis o que propõe Levinas: a) ele dá o mesmo nome, o *próximo*, tanto àquele que é meu outro quanto àquele que é meu terceiro; b) o *propínquo* não se beneficia de qualquer privilégio em relação àquele que não é meu propínquo (ambos possuem um *direito à defesa*); c) "ter direito à defesa" é uma fórmula ambígua: "ter direito" de me defender sozinho ou "ter o direito" de ser defendido por alguém; d) Levinas anula a posição privilegiada do propínquo em relação ao próximo – segundo a qual só o propínquo tem direito à defesa –, pois, por vezes, outrem agride um terceiro, e, por vezes, o terceiro o agride. Portanto, é possível que meu propínquo possa vir a ser violento para com meu próximo.

Na entrevista de 28 de setembro de 1982, realizada imediatamente após o massacre de Sabra e Chatila, Levinas retoma essa ideia de que a violência não é sempre dirigida da mesma maneira. Levinas brinca ali com os pronomes pessoais, brincadeira que começa pela violência que "nós" sofremos ou que "eu" sofro, mas que termina definitivamente com o sofrimento dos "outros".

> Não creio de forma alguma que a responsabilidade tenha limites, que a responsabilidade em "mim" tenha limites. O

---

213 "Ele significa um Estado no sentido pleno do termo, um Estado com um exército e armas, um exército que possa ter uma significação dissuasiva e, se necessário, defensiva. Sua necessidade é ética: é, de fato, uma antiga ideia ética que comanda precisamente a defesa de nossos próximos. Meu povo e meus *propínquos* são ainda meus próximos. Defende-se o *próximo* quando se defende o povo judeu; cada judeu defende o *próximo* quando defende o povo judeu". (LEVINAS, Emmanuel *et al.* "Israël: éthique et politique". *Les Nouveaux Cahiers*, vol. 18, nº 71, 1983, p. 4).

> eu, repito, nunca está quite com os outros. Mas penso, e deve também ser dito, que todos aqueles que nos atacam de uma forma tão agressiva não têm direito e que, por conseguinte, há certamente, ao lado desse sentimento de responsabilidade ilimitada, um lugar para uma defesa, pois nem sempre se trata de "mim", mas dos meus propínquos que são os meus próximos. A essa defesa dou o nome de política, mas política eticamente necessária. Ao lado da ética, há lugar para a política.

Entretanto, os outros que se deve defender são aqueles mesmos contra os quais se deve defender certos outros.

> A minha definição do outro é bastante diferente. O outro é o próximo, não necessariamente propínquo, mas o propínquo também. E nesse sentido, sendo para o outro, sois para o próximo. Mas se o seu próximo atacar outro próximo ou for injusto para com ele, o que pode fazer? Aí, a alteridade assume um caráter diferente, aí, na alteridade, pode aparecer um inimigo, ou pelo menos aí se coloca o problema de saber quem está certo e quem está errado, quem é justo e quem é injusto. Há pessoas que estão erradas.[214]

"Mas se vosso próximo ataca um outro próximo ou é injusto com ele, que podeis fazer?" A origem e o limite dessa questão, dessa precaução, dessa hesitação de Levinas, não deveria ser encontrada em uma explicação anterior:

> [por isso] o engajamento necessário é tão difícil para o judeu, é por isso que o judeu não pode engajar-se sem se desengajar imediatamente, é por isso que ele fica sempre com esse retrogosto de violência, mesmo quando se engaja em uma causa justa...?

214 LEVINAS, Emmanuel *et al.* "Israël: éthique et politique". *Les Nouveaux Cahiers*, vol. 18, nº 71, 1983, p. 5.

CAPÍTULO VII

SACRIFÍCIO: PALAVRA, INSTITUIÇÃO, DEVIR-INSTITUCIONAL

Voltemos a Rosenzweig. Eu gostaria de recordar a reconstrução que ele faz da palavra sacrifício, bem como da palavra oca *Opfer*, no contexto de sua "luta contra as instituições" (essa frase é retirada de sua correspondência com Buber).[215] Sem maiores delongas, quero propor as seguintes quatro premissas:

1) Rosenzweig, filósofo e tradutor, poderia ter sido uma dessas pessoas novas e sofisticadas que são por vezes mais bem sucedidas do que profetas impetuosos na luta contra as instituições. Na carta a Buber que mencionei, Rosenzweig refere-se à desvalorização do sacrifício nos profetas e nos salmos (*der profetisch-psalmistischen Herabwertung des Opfers*), e ele admite que a luta dos profetas contra a instituição do sacrifício

---

215 ROSENZWEIG, Franz. *Gesammelte Schriften I*: Briefe und Tagebücher. Den Haag: Martinus Nijhoff, 1979, pp. 1049/1050. Buber responde à carta de Rosenzweig em 05 de julho de 1925: BUBER, Martin. *Briefwechsel aus Sieben Jahrzehnten*: 1918-1938. Heildelberg: Verlag Schneider, 1973, pp. 226/227, t. 2.

sempre lhe pareceu impossível. Assim, ele expressa a necessidade de pessoas novas, que serão calmas e provavelmente sistemáticas, pois a luta contra as instituições é um assunto demasiado longo para os profetas com um fôlego tempestuoso e curto.[216]

Algumas linhas antes, Rosenzweig, citando um amigo, afirma que o judaísmo é um sistema de conhecimento (*Judenthum ist ein Erkenntnissystem*).

2) Se a luta contra a instituição do sacrifício – mais precisamente, se a luta contra o devir-institucional do sacrifício (*Institutionwerden*) (Buber corrige Rosenzweig e substitui o termo abstrato "instituição [*Institution*]" pelo termo concreto "devir-institucional [Institutionwerden]" dos sacrifícios feitos no Templo)[217] – se, então, esta luta que os profetas começam e que Rosenzweig persegue deve terminar com a mutação final do sacrifício em caridade (*Wohltätigkeit*) e estudo (*Lernen*),[218] o estatuto da filosofia se vê duplamente definido: por um lado,

---

216 "Kampf gegen Institutionen ist eine viel zu langatmige Sache für den Sturmatem des Profeten". Cf. ROSENZWEIG, Franz. *Gesammelte Schriften I*: Briefe und Tagebücher. Den Haag: Martinus Nijhoff, 1979, p. 1050, t. 2.

217 "Opfer – nein, gewiss nicht, gegen eine Institution haben die Propheten nicht gekämpft, aber gegen ein Institutionwerden". (BUBER, Martin. *Briefwechsel aus Sieben Jahrzehnten*: 1918-1938. Heildelberg: Verlag Schneider, 1973, p. 367, t. 2). Em sua resposta de 07 de julho, Rosenzweig não comentou as posições de Buber sobre o sacrifício. Não se sabe, portanto, se Rosenzweig mudou de opinião quanto à compreensão buberiana do sacrifício que ele havia caracterizado três anos antes de "posição judaica obscura". Cf. ROSENZWEIG, Franz. *Gesammelte Schriften I*: Briefe und Tagebücher. Den Haag: Martinus Nijhoff, 1979, p. 738, t.2 (carta a Eduard Strauss do dia 05/02/1922).

218 *Michna*, *Peah*, 1. 1. Cf. ROSENZWEIG, Franz. *Gesammelte Schriften I*: Briefe und Tagebücher. Den Haag: Martinus Nijhoff, 1979, p. 738, t.2. Rosenzweig menciona duas das cinco atividades que não são predeterminadas pela lei e pela medida.

a filosofia é a forma da luta contra o que se institucionaliza, pois "filosofar" consiste, de fato, em traduzir e em descobrir o intraduzível (o que não pode ser traduzido, mas deve sê-lo necessariamente); por outro lado, a filosofia, como sistema de reconhecimento ou como texto, é estruturada como um sacrifício. A filosofia, sempre sem medida e nunca determinada ou impedida pela lei, pode completar e superar a prática do sacrifício.

3) O estatuto incerto da filosofia em Rosenzweig define a possibilidade ou a impossibilidade da passagem da prática pagã para o judaísmo no sentido forte. A possibilidade da filosofia judaica decide a questão da substituição (mas também do complemento) do texto filosófico, estruturado como um *korban*, à prática sacrificial ou à palavra oca "sacrifício" (*Opfer*). Assim, a filosofia só pode ser chamada "judaica" se o *korban* é mantido no seio de sua atividade, se ele a habita e nela permanece. Na medida em que a filosofia, o texto filosófico, "aproxima-se" de outrem ou do outro, na medida em que a distância em relação a outrem diminui, a filosofia permanece sendo da ordem de ação em vista de um tempo messiânico. Isto significa que a filosofia age radicalmente, que a filosofia ensina a dificuldade da radicalidade e que ela é a introdução à mutação radical, ou seja, ao tempo messiânico. A mutação radical (*radikale Veränderung*) que Rosenzweig (e Yehudah Halevi)[219] evoca implica o fim do inferno da história mundial (*der Hölle der Weltgeschichte*), a responsabilidade absoluta, a proximidade de Deus (*Gottesnähe*) e – talvez o mais importante – a visibilidade e a omnivisibilidade (*Sichtbarkeit, Allsichtbarkeit*), ou seja, o sacrifício visível (*sichtbare Opfer*).

---

219 Cf. a nota sobre o poema de Halevi: "Im Heiligtum": ROSENZWEIG, Franz. *Fünfundneunzig Hymnen und Gedichte*. Gesammelte Schriften IV.I. Boston: Martinus Nijhoff Publishers, 1983, pp. 206-208.

4) A luta dos profetas e dos poetas contra o devir-institucional do sacrifício, e a tematização desta luta por Rosenzweig indicam o anúncio da reinstitucionalização do serviço sacrificial (*Wiederherstellung des Opferdienst*).[220] A supressão sistemática da palavra "sacrifício" (*Opfer*) por parte de Rosenzweig e Buber em suas traduções da Torah,[221] e a desconstrução dos elementos fundamentais das práticas sacrificiais não se reduzem a uma simples substituição do sacrifício. O estudo da Torah ou a filosofia como teoria da tradução da Torah não substituem o sacrifício, não agem *como se* fossem um "verdadeiro" sacrifício, mas, pelo contrário, afirmam-no. Elas são, acima de tudo, seu complemento (*Ergänzung*) e sua superação (Überhohung). Numa observação sobre a tradução do poema de *Yehudah Halevi* "*Leicht wiegt das Alles*", à qual se refere em sua carta a Buber, Rosenzweig analisa, em Halevi, a antecipação do futuro e seu sonho de uma renovação do sacrifício visível. O

---

220 ROSENZWEIG, Franz. *Fünfundneunzig Hymnen und Gedichte*. Gesammelte Schriften IV.I. Boston: Martinus Nijhoff Publishers, 1983, p. 206. No livro *Menahoth*, o dilema quanto à possibilidade de proceder, após a destruição do Templo, a um sacrifício em qualquer lugar interpreta-se de duas maneiras: "Tudo se passa como se aquele que se ocupa da Torá oferecesse em holocausto (*hattat*) uma oblação (*asham*), um sacrifício (*korban*) pelo pecado, um sacrifício de reparação". Ver *Menahoth* 110ª. Assim, aquele que estuda a Torá pode realizar um sacrifício onde quer que seja. Cf. SCHECHTER, Solomon. *Aspects of Rabbinic Theology*. Nova York: Schoken Books, [1909] 1961, pp. 293-312. Rambam sugere que os altares privados podem ter existido após a destruição do Bet ha-Mikdash. Cf. BLEICH, D. *Contemporary halakhic problems*. Jersey City: KTAV, 1977, pp. 244-267, t.1.

221 A palavra "sacrifício" ou palavra alemã *Opfer* não aparecem na tradução alemã da Torá. A palvra *Opfer* aparece em *Schrift*, provavelmente após a redação do próprio Buber, em um total de cinco vezes, e a cada vez nos *Salmos* (*Ps* 4,6; 27,6; 116,17) como tradução da palavra hebraica *zabach*. Entretanto, no *Levítico*, essa palavra é traduzida por *Dankmahlschlachtung*. Buber menciona-o igualmente em seu texto "Zu einer neuen Verdeutschung der Schrift" em *Die fünf Bücher der Weisung*. Gerlingen: Deutsche Bibelgesellschaft, 1976, p. 20, t.1.

"sacrifício do próprio coração" do poeta no Templo não é um substituto (*Ersatz*) para o sacrifício; Rosenzweig compara-o mais ao "*profetisch-psalmistischen Kampf um die Opfer*" (a luta pelo [por um] sacrifício referida nessa observação é a luta contra o sacrifício [*gegen*] referida na carta a Buber). Rosenzweig continua com Halevi: embora seja mais precioso, o coração no altar do Templo não se substitui à carne dos animais sacrificados, mas funciona como uma introdução ao fim último de todas as realizações – o túmulo na Terra Santa.[222]

Esses quatro pressupostos poderiam também ser as condições para uma eventual reconstrução da resistência de Rosenzweig, ou seja, de sua teoria da mutação radical. A teoria do "radical" é, de fato, uma teoria sobre a aproximação radical de Deus. O fim último é o túmulo – um túmulo no local onde se encontrava o Templo – e, depois, a proximidade divina da morte (*Gottesnähe des Todes*).[223] Antes de qualificar este esforço de Rosenzweig como messianismo, parece-me importante localizar o "registo do sacrifício" neste sistema de conhecimento. Além disso, essa é a primeira inovação de Rosenzweig em relação à tradição. Rosenzweig não tentou nem teve tempo de tematizar, em detalhe, a figura do "sacrifício" ou do *korban* como o nome mais genérico para tal atividade. Tudo o que possuímos se resume a alguns textos espalhados ao longo de vários anos de correspondência com os seus amigos, a quem Rosenzweig

---

222 "und die allerletzte der letzten Erfüllung und des letzten Ziels: das Grab in der heiligen Erde...". Cf. ROSENZWEIG, Franz. *Fünfundneunzig Hymnen und Gedichte*. Gesammelte Schriften IV.I. Boston: Martinus Nijhoff Publishers, 1983, p. 226. Eis os últimos versos do poema de Halevi traduzidos por Rosenzweig: "Und wohnen dort und binden dir mein Herz auf / den Altar, köstlicher als Tiereshessen, / Und werd mein Grab in deinem Lande haben, / aus dass es dort mir Zeugnis sei all dessen" (p. 225).

223 ROSENZWEIG, Franz. *Funfundneunzig Hymnen und Gedichte*. Gesammelte Schriften IV.I. Boston: Martinus Nijhoff Publishers, 1983, p. 208.

ensina o pensamento do sacrifício e seus limites, e algumas das suas notas sobre a dificuldade de traduzir e apagar a palavra alemã *Opfer.* Apesar de tudo isto, o problema do sacrifício está, no entanto, constantemente presente no séquito de Rosenzweig: de fato, imediatamente após a sua morte, os seus primeiros colaboradores (a sua esposa, Buber e Viktor von Weizsäcker), decidem publicar extratos da sua correspondência dedicada precisamente ao sacrifício.[224] Fica evidente que a interpretação rosenzweigiana do sacrifício evolui de forma prodigiosa e que é apenas perto do fim de sua vida, quando ele traduz a Torá e desconstrói a palavra *Opfer*, que ele identifica o sacrifício ao *korban* ("[uma] aproximação não é um sacrifício, mas sim – uma aproximação [*eine Darnahung ist kein Opfer, sondern aber eine – Darnahung*]").[225] Contudo, desde o início, quando ele "traduz" e "pensa" o sacrifício como "dom" ou "oferenda", o seu esforço é bastante transparente: Rosenzweig nada mais faz que interrogar a aproximação a Deus ou a outrem.

Como, então, aproximamo-nos, ou o que é a aproximação de outrem? O que é a aproximação? Como nos aproximamos eficazmente de alguém e, inversamente, que trabalho devemos fazer para

---

224 O último número da revista judaico-cristã *Die Kreatur* (vol. 3, 1929/30, pp. 424-434) publicou um grupo de fragmentos sob o título "Aus Franz Rosenzweigs Nachlass". Presumo que von Weizsäcker (Rosenzweig também o menciona em sua carta a Buber de 03 de julho de 1925) é o responsável por esta seleção de fragmentos, e que sua troce de mensagens com Rosenzweig sobre o tema do sacrifício permanece inexplicada (sem levar em contra o texto de Wolfgang Jacob lido no Congresso de Kassel em 1986). Da mesma forma, sua teoria do sacrifício na medicina, sua teoria da eutanásia, bem como sua atividade durante o Terceiro Reich ("Como médicos, somos também responsáveis pelo sacrifício do indivíduo em prol da coletividade [*Aufopferung des Individuums für die Gesamheit*]. Seria ilusório e incorreto que o médico alemão não participasse de forma responsável na necessária política de extermínio" (1935)), ainda permanecem completamente incompreensíveis.

225 ROSENZWEIG, Franz. *Gesammelte Schriften I*: Briefe und Tagebücher. Den Haag: Martinus Nijhoff, 1979, p. 738, t.2 (carta a Gertrude Oppenheim do dia 10/07/1928).

que outrem se aproxime de nós? Mas igualmente: como afirmamos e descobrimos radicalmente uma proximidade já prometida ou já existente? A intervenção de Rosenzweig (às vezes, é muito difícil distinguir e isolar a influência de Buber e reconstruir as trocas entre eles) herda, em seus fundamentos, do esforço feito pelo rabino Samson Raphael Hirsch.[226] No entanto, não basta dizer que Rosenzweig apenas completa a tarefa que Hirsch havia descrito como difícil e quase impossível, ou seja, traduzir *korban* para o alemão (no plural, os *korbanot*; a raiz *karav*, em sua forma transitiva *hif'il: hakrev*, significa aproximar-se, mas também ser abordado), traduzir o que o *korban* dissimula e o que subsiste, nesta palavra, do gesto que uma vez foi nela inscrito.[227] Rosenzweig considera o comentário de Hirsch (assim como a sua tradução) insatisfatório, e, de certo modo, a resistência em relação a ele o conduz a uma polêmica tanto com os profetas quanto com os médicos sobre os limites da possibilidade de substituição do sacrifício por outras práticas.[228]

---

226 Penso, sobretudo, na tradução e no comentário feito por Hirsch à Torá (*Der Pentateuch*. Frankfurt am Main: J. Kauffmann, 1873). Entretanto, a referência de Rosenzweig a Hirsch é menor, e ela é, em Buber, praticamente ausente. No texto "Offene Anfrage an Martin Buber", assinado por R.B e publicado na revista *Nach'lath Z'wi* (caderno 9/10, 1931, editado pela Rabbiner Hirsch Gesellschaft), o autormostra em detalhes o mérito de Hirsch na tradução da palavra *Opfer* que Buber ignorou completamente. Ao fim do texto, o autor pergunta a Buber a razão de seu silêncio e, depois, se ele conhece Hirsch e sua contribuição à correção da tradução de Lutero (p. 318).

227 *Levítico* 1: 2: "Fale aos filhos de Israel e lhes diga: se alguém dentre vós deseja oferecer ao senhor uma oferenda em gado, que seja vacum ou arietino" (tradução do Rabinado Francês). Rosenzweig e Buber traduzem essa frase assim: "Ein Mensch, wenn er von euch IHM eine Nahung darnaht [*jakriv mikem korban LAdonai*], vom Vieh; von den Rindern und von den Schafen, mögt ihr eure Nahung darnahn [ta'krivu]". Lutero traduz da seguinte maneira: "Welcher unter euch dem Herrn ein Opfer tun will...". Eis a tradução de Hirsch: "ein Mensch wenn er von Euch ein Opfer Gott nahebringen will, (...) sollt ihr euer Opfer nahebringen".

228 É interessante notar que Nahum Glatzer, em um texto de 1976 intitulado "The Concept of Sacrifice in Post-Biblical Judaism. Quest for

A posição de Rosenzweig é caracterizada por vários momentos importantes. Korban é já uma "instituição" porque é o nome genérico para outras "formas sacrificiais" de aproximação a Deus (*olah*, *minchah*, *chelamim*, *hattat*, *zabah*, *asham* etc.). Rosenzweig considera-a como a atividade mais eficaz que jamais tenha existido e que deverá ser visível e eficaz. Sacrificar no sentido de "aproximar" algo a Deus e "aproximar-se" de Deus (pela oferenda, pelo dom coletivo, pela morte de um animal, pela sua aniquilação, pela sua ingestão, pela sua incineração etc.) não é o paradigma de um processo que elimina a distância, mas um sintoma do fato de a proximidade já existir e estar garantida. Rosenzweig explica-o, de forma similar, em magnífica carta a seu grande amigo Eduard Strauss.[229] O sacrifício (*Opfer*) é o sintoma da ordem das coisas (*das Symptom für den geordneten Zustand*).

> Quando é possível sacrificar de uma forma judaica (*jüdisch*), então a ordem das coisas é como Deus pretendia que fosse produzida. Ela não será produzida por meio do sacrifício. Pelo contrário, o sacrifício é o sinal visível de que ela se produziu.[230]

Substitutes for Sacrifices after the Destruction of the Second Temple", não menciona sequer uma vez Rosenzeig e suas reservas quanto à substituição. Cf. GLATZER, Nahum N. *Essays in Jewish Thought*. Tuscaloosa: University of Alabama Press, 1978, pp. 48-57.

229 Numa carta de 1919, Rosenzweig qualificava Strauss como "profetische Jude". A carta a Strauss de 05 de Janeiro 1922 é a resposta de Rosenzweig ao Opferbrief de Strauss. É bastante provável que a parte integrante desta carta de Strauss seja extraída do manuscrito não datado "Über die Opfergebete", agora na Coleção Eduard Strauss; AR 7192 / MF 703; caixa 6; pasta 83; Instituto Leo Baeck no Center for Jewish History de Nova Iorque.

230 "Wenn jüdisch geopfert werden darf, ist die Ordnung der Dinge wie Gott sie will hergestellt. Sie wird nicht durch Opfer hergestellt. Sondern das Opfer ist das sichtbare Zeichen, dass sie hergestellt ist". (ROSENZWEIG, Franz. *Gesammelte Schriften I*: Briefe und Tagebücher. Den Haag: Martinus Nijhoff, 1979, p. 739, t.2).

A visibilidade a que Rosenzweig se refere, constantemente, nesta carta – "a revelação (*Offenbarung*) é visível"; "também rezamos pela visibilidade" (*Wir betten also um die Sichtbarkeit*); "só os mandamentos se tornam visíveis" (*nur Gebote wirken Sichtbarkeit*) – é retirado da *Musaf Kedushá*. Rosenzweig menciona esta prece que é pronunciada nos feriados públicos, e que evoca o chamado sacrifício suplementar – este é o sentido de *mussaf* –, a fim de mostrar que o sacrifício é um gesto que torna visível a proximidade ou a presença de Deus. Sacrifício é um suplemento que mostra que a proximidade existe ou que a proximidade se dá (aproxima). "Sacrificar" significa tornar a proximidade visível pelo fato de que algo mais se soma ou aproxima. Esse é o momento cardinal da interpretação de Rosenzweig. Sacrificar, "de forma judaica" (*jüdisch*), constitui, para Rosenzweig, uma clara oposição e uma delimitação às práticas pagãs e cristãs do sacrifício.[231] De fato, parece que Rosenzweig adota a interpretação de Hirsch da palavra *korban* (embora só o tenha lido mais tarde), mas radicaliza-a significativamente. A radicalidade da tradução e do pensamento de Rosenzweig e Buber relativos à palavra *korban* começam com uma delimitação. Opor-se à forma pagã do sacrifício significa, para Rosenzweig, recusar-se a interpretar o sacrifício como um meio (*als Mittel*), para se aproximar de outrem ou de Deus. O *korban* não é um meio, ou melhor, o *korban* vai além da lógica

231 Rosenzweig desenvolve esta dupla oposição durante a Primeira Guerra Mundial. Na carta a Eugen Rosenstock de 07 de Julho de 1916, Rosenzweig faz uma análise paralela do sacrifício de Abraão, Agamémnon e Jesus, procurando contrastar os sacrifícios no Gólgota e no Monte Moriah com o sacrifício pagão. ROSENZWEIG, Franz. *Gesammelte Schriften I*: Briefe und Tagebücher. Den Haag: Martinus Nijhoff, 1979, pp. 284/285. Na sua tese de doutorado e em *A estrela da redenção*, o sacrifício pelo Estado é interpretado como uma forma cristã e espiritualizada do sacrifício pagão. O sacrifício em Hegel é a condição de existência do Estado, do direito e da ordem. (ROSENZWEIG, Franz. *Hegel und der Staat*. Frankfurt am Main: Suhrkamp, 2010, pp. 127 e 159/160; ROSENZWEIG, Franz. *Gesammelte Schriften III*: Zweistromland. Dordrecht: Martinus Nijhoff Publishers, 1984, pp. 270-274).

econômica pagã, da qual Hirsch não se distancia suficientemente quando diferencia o sacrifício no judaísmo e no paganismo.[232] Embora Rosenzweig tome emprestada a Hirsch sua estratégia de pensar o sacrifício e a oposição ao paganismo, embora adote algumas das suas posições,[233] não se satisfaz com a tradução da palavra *korban*. Certamente, Hirsch diz que o *korban* não tem, em última instância, nada a ver com o dom e com a oferenda, que o *korban* é de fato "nahen, nähen kommen, also: in innigere Beziehung zu Jemandem gelangen",[234] mas mantém na sua tradução tanto o termo sacrifício (*Opfer*) quanto o verbo trazer (*bringen*): "Ein Mensch wenn er von Euch ein Opfer Gott nahebringen will, (...) sollt ihr euer pfer nahebringen" (*Lev. 1:2*). A solução de compromisso de Hirsch (é, acima de tudo, um compromisso com Lutero) implica que nós aportemos algo nosso que nos é precioso – na proximidade ou mais perto de Deus – e a razão de tal ação é, provavelmente (o que é totalmente dissimulado na tradução de Hirsch), que apenas nós temos os favores de Deus. Para Rosenzweig, tal tradução e compreensão do sacrifício é totalmente destituída de sentido. A supressão da palavra *Opfer* por Rosenzweig e Buber e a retenção do prefixo "dar-", implicando movimento (em vez do verbo *darbringen*, ambos usam a raríssima

---

232 No comentário que Hirsch faz de *Levítico* 10: 1, o pagão sacrifica para se servir de um deus e ganhá-lo à sua própria vontade, enquanto o sacrifício judaico deseja se colocar a serviço de Deus; por seu sacrifício, o Judeu deseja se submeter à vontade divina. A lógica econômica é renovada por José, mas sobretudo por Jesus. Em Marcos (7: 11) e Mateus (27: 6), o *korban* aparece no texto grego e designa mais um penhor que um voto.

233 Hirsch evoca por exemplo: o *offero* latino como origem da palavra alemã *Opfer*; Lutero, que não traduz "sacrifício" a partir do hebraico, mas do grego (na *Septuaginta*, a palavra *korban* é traduzida por *doron* [dom] ou por *doreisthai*; *Levítico* 7: 15); a inadequação da tradução de *korban* por "oferta", "oferenda" (*Darbietung*, *Darbringung*), etc. Cf. HIRSCH, S. R. *Der Pentateuch*. Frankfurt am Main: J. Kauffmann, 1873, p. 6.

234 HIRSCH, S. R. *Der Pentateuch*. Frankfurt am Main: J. Kauffmann, 1873, p. 6.

palavra *Darnahung*), tornam possível uma tradução perfeitamente experimental: "Nahung Darnahung". "Aproximamos d'Ele (Deus) a proximidade" ou "Aproximamos d'Ele a nossa proximidade" (nós próprios nos aproximamos d'Ele).

O comentário de Buber, em sua famosa conferência de 1927,[235] sobre o uso da forma *hif'il* da palavra *korban* na revolta de Coré determinou, provavelmente, essa tradução e atualização da intenção de Buber e Rosenzweig. De fato, ao contrário da forma *paal* ou *qal* do nome *korban* (*karav* significa "aproximar-se", *nahen*), a forma transitiva *hif'il* (em Buber e Rosenzweig, *hakrev*, *darnahen*, *opfern*, em Lutero)[236] realça a chamada forma causal do verbo. Neste caso, a ênfase não é posta sobre o que hoje chamamos de agente – por exemplo, o eu que se aproxima e efetua a aproximação (o eu que se aproxima do altar); nem sobre o eu se aproximando do altar com algo nas mãos (o que significaria que não posso aproximar-me do altar ou de outrem se não tiver nada nas mãos, o que parece absurdo), nem sobre o que tenho nas mãos – mas a ênfase é posta sobre a aproximação daquele (outrem) em direção ao qual eu me aproximo. Quando nos aproximamos Dele, fazemo-lo porque nos é dito para nos aproximarmos e porque a proximidade já é dada de antemão. Aproximamo-nos porque já estamos próximos. É assim que o mandamento, que o imperativo "Aproxima-te" (ou "Sacrifica-te") transforma-se em "Eu aproximo-me de Ti porque me aproximo da

---

235 A conferência "Die Bibel als Erzähler" foi publicada em BUBER, Martin. *Werke II*. Schriften zur Bibel. München: Kösel Verlag, 1964, pp. 1135-1139.

236 Rosenzweig menciona essa distinção duas vezes. Cf., por um lado, ROSENZWEIG, Franz. *Der Mensch und sein Werk. Gesammelte Schriften IV*: Sprachdenken im übersetzen. 2. Band. Sprachdenken – Die Schrift. Dordrecht: Martinus Nijhoff, 1964, p. 134; e, por outro lado, ROSENZWEIG, Franz. *Gesammelte Schriften I*: Briefe und Tagebücher. Den Haag: Martinus Nijhoff, 1979, p. 739, t.2.

proximidade, porque Tu és próximo, porque Te obrigo a estar próximo, porque Tu disseste que estarás próximo etc.”.[237]

Tanto Buber como Rosenzweig colocam, em primeiro plano, o *korban* como “(auto)aproximação” (“aproximar-se mais perto”, “aproximar-se da proximidade”, “a aproximação de outrem”) em relação ao desagradável sacrifício mágico[238] de Hirsch, concebido como meio de ganhar os favores ou entrar em acordo com outrem para que o sacrifício produza a identificação daquele que mata com o animal que é morto. Eu não mato nem aniquilo para remover uma barreira qualquer entre Deus e mim, não dou para obter algo em troca, nem manifesto, simulo ou sequer imagino o meu próprio assassinato ao matar um animal. “Ao fim e ao cabo, tenho o meu

---

237 Buber e Rosenzweig abrem a palavra *korban* a partir de dois outros versos: Buber invoca *Números* 15: 4, “Darnahe, wer seine Nahung JHWH darnacht...”, “Será mais próximo aquela que se aproxima de sua proximidade” ou “Eu aproximarei a mim aquele que se aproxima de mim” (BUBER, Martin. *Werke II*. Schriften zur Bibel. München: Kösel Verlag, 1964, p. 1137; Rosenzweig, a seu turno, invoca *Levítico* 10: 3: “An meinen Nahen erheilige ich mich [*bikrovai ekadesh*]”, “Desejo ser santificado por aqueles que se me aproximam” (ROSENZWEIG, Franz. *Gesammelte Schriften I*: Briefe und Tagebücher. Den Haag: Martinus Nijhoff, 1979, p. 1164, t.2).

238 Em um comentário a *Vayicrá* (*Levítico* 1: 1-3) no qual se refere à tradução de Hirsch, Rosenzweig escreve o seguinte: “Mas aqui Hirsch é particularmente pouco simpático para mim. O sacrifício como meio de se aproximar de Deus é desagradavelmente mágico [*Das Opfer als Mittel zur Gottesnähe ist doch argisch*]. Isto significaria, continua Rosenzweig, que o homem, a partir do domínio que lhe foi concedido, traz algo de volta [*nachbringt*] a Deus, o que faz tanto sentido quanto uma criança pequena que mordiscasse seus pais [*Dagegen daß der Mensch aus seinem ihm eingeräumten Gebiet Gott etwas nachbringt, ist so sinnvoll, wie wenn ein kleines Kind seine Eltern abbeißen läßt*]” (ROSENZWEIG, Franz. *Der Mensch und sein Werk. Gesammelte Schriften IV*: Sprachdenken im übersetzen. 2. Band. Sprachdenken – Die Schrift. Dordrecht: Martinus Nijhoff, 1964, p. 134).

corpo. Eu como e bebo",[239] escreve Rosenzweig, rejeitando a oposição "cômica" dos não vegetarianos declarados "ao assassinato de animais inocentes". "A ingestão natural de alimentos" e "Aquele que dá o alimento" podem ser razões suficientes para justificar o sacrifício dos tempos antigos, ou mesmo as guerras santas.[240] Só o povo judeu se lembra do sacrifício e reconhece os limites (nem como aqueles do substituto do sacrifício):

> A criação não desaparece. Fazê-la desaparecer é a ascese. O budismo é a consequência legítima da religião vetero-indiana do sacrifício. O sacrifício judeu é a recusa estrita da ascese. Ali, "não se faz outra coisa senão" sacrificar. Nem mais nem menos. A existência do mundo é reconhecida. Ela não deve ser "sobre"-sacrificada (*auf-geopfert*). Apenas sacrificam-se coisas.[241]

Não se trata de tudo aniquilar sacrificando também os sacrificadores (*Aufopferunf* é um termo célebre de Hegel e Weizsäcker). Sacrifica-se, escreve Rosenzweig seis anos antes em uma carta Rosentock, sem obter nada em retorno, *salvo* que o sacrifício permaneça como a marca permanente (*bleibende*) e irredutível da fé e da proximidade.[242] Nisso reside a reviravolta em relação ao paganismo.

---

239 ROSENZWEIG, Franz. *Gesammelte Schriften I*: Briefe und Tagebücher. Den Haag: Martinus Nijhoff, 1979, p. 738, t.2.

240 As mortes massivas de animas precedem, certamente, o período do Templo. Justificar-se-ia, talvez, a paráfrase da posição ambivalente de Rosenzweig sobre o pacifismo, sobre o judeu como o único "pacifista" autêntico [*der einzige echte "Pazifist"*], ao dizer-se que o judeu é o único vegetariano autêntico.

241 ROSENZWEIG, Franz. *Gesammelte Schriften I*: Briefe und Tagebücher. Den Haag: Martinus Nijhoff, 1979, pp. 738/739, t. 2.

242 ROSENZWEIG, Franz. *Gesammelte Schriften I*: Briefe und Tagebücher. Den Haag: Martinus Nijhoff, 1979, p. 285.

No fim das contas, a palavra *korban* pode também servir de nome genérico para práticas completamente diferentes que renovam a proximidade abolida. Rosenzweig escreve, diversas vezes, sobre o amor ao próximo (a outrem), sobre a gentileza e a caridade, sobre a imaginação do poeta que reduz a distância em relação a Deus, sobre a prece que estabelece uma proximidade pelas palavras, sobre a proximidade e a reinstitucionalização do sacrifício, sobre a (derradeira) guerra que põe fim à história e acelera a vinda do Messias. Rosenzweig descobre, precocemente, o sentido da filosofia como tradução, isto é, o sentido do filosofar como aproximação a outrem e supressão do medo da proximidade (medo da morte). Ao fim de sua vida, a filosofia anuncia e reflete a dificuldade de mutação radical e afirma o fim último – a tumba ali onde se erigia o Templo, assim como a proximidade divina da morte (*Gottesnähe des Todes*). Dez anos antes, a tarefa da filosofia não consistia somente na oposição à filosofia (*in philosophos!*) e na possibilidade de conhecer o Todo:

> Sem fim o seio da terra inesgotável dá luz ao novo, e cada um se submete à morte, cada um espera com temor e tremor o dia de sua passagem às trevas. Mas a filosofia contesta essas angústias da terra [*aber die Philosophie leugnet diese Ängste der Erde*]. Ela escapa por sobre a tumba (*Sie reisst über das Grab*) que se abre sobre os pés a cada passo. Ela abandona o corpo à mercê do abismo, mas a alma livre levanta voo para o atravessar sem entraves.[243]

No dia 17 de novembro de 1906, Franz Rosenzweig, ainda estudante de medicina, escreveu seis passagens, no seu diário, sobre a diferença entre filosofar e não filosofar. A primeira passagem diz: *Worte sind Grabsteine*, as palavras são lápides. As palavras ou são pontes sobre o abismo ou tábuas sobre o buraco, e passamos, normalmente, por cima delas com prudência e sem prestar atenção

243 ROSENZWEIG, Franz. *Der Stern der Erlösung*. Frankfurt am Main: Suhrkamp, 1996, p. 1.

ao que está abaixo. Se olharmos para baixo, somos tomados pela vertigem. O não filósofo (*der unphilosophische Mensch*) difere do filósofo pelo fato de não estar interessado no que está atualmente na tumba (*was nun eigentlich in dem Grab liegt*), mas no que está escrito sobre as tumbas – no que significa o que está escrito. Algumas pessoas simplesmente atravessam a ponte para ir ao outro lado e conhecê-lo, outras apreciam o passeio. "Filosofar significa: abrir as tumbas, perscrutar as profundezas, descer as paredes da fossa [*Gräber öffnen, in die Abgründe hineinspähen, in die Schächte hineinklettern*]".[244]

---

244 Essa página do *Diário* não foi publicada. Cf. Diaries III-IV 1906 Sept. 29 – 1908 Mar. 4. Franz Rosenzweig Collection; AR 3001; caixa 1; pasta 18; Leo Baeck Institute. "Worte sind Grabsteine. Worte sind Brücken über Abgründe. Man geht hinüber, meist ohne runterzusehn. Tut man es doch, so wird einem leicht schwindlig. Worte sind auch Bretter, die über einen Schacht gedeckt sind, sodass man ihn nicht mehr sieht. Philosophieren heißt: Gräber öffnen, in die Abgründe hineinspähen, in die Schächte hineinklettern. Der unphilosophische Mensch unterscheidet sich vom philosophischen darin, dass er die Grabinschrift liest, ohne dabei zu denken, was nun eigentlich in dem Grab liegt (selbst dem – unphilosophischen – Gelehrten, den Historiker, liegt diese Frage fern; er deutet nur die Inschrift und fragt, wie sie gemeint sei); weiter darin, dass er über die Brücke einfach läuft, um auf die andere Seite zu können (oder – wenn er zufällig Dichter ist – weil ihm das Gehen spass macht); weiter darin, dass er von Schächten, die ins Erdinnere führen, nichts weiss. In ihrem Verhältnis zu den Worten unterscheiden sich also die beiden. Der eine läuft über sie weg, der andere stolpert über sie, beide aber – und das macht die Sache so kompliziert – haben sie ein Portemonnaie und können nur mit ihnen zahlen".

CAPÍTULO VIII

"VIOLÊNCIA DIVINA", "VIOLÊNCIA RADICAL": A REBELIÃO DE CORÉ

Inicialmente, para justificar uma leitura suplementar de a *Crítica da Violência* de Benjamin, eu gostaria de apresentar as formas pelas quais este texto foi recebido e explicar as razões por detrás da rica história de suas reconstruções, que vão de Scholem e Löwenthal até Honneth, Žižek e Butler. O que é que produz a "força desconstrutiva" dessa colagem densa e complexa de textos? Não é apenas a brilhante montagem de Benjamin, mas também, parece-me, o poderoso mal-entendido que se dissimula no título deste capítulo entre a violência divina e o nome de Coré. Gostaria, então, de completar, imediatamente, essa analogia entre a violência divina e o nome de Coré com duas anotações que devem limitar e complicar toda interpretação suplementar: (a) diferentemente de Leo Löwenthal,[245] tratarei o texto de Benjamin como uma soma de figuras e de categorias messiânicas e, analogamente, (b) acompanharei os célebres qualificativos que Scholem atribui ao "texto puramente judeu [*ein rein jüdischer Text*]" de Benjamin, quando o caracteriza como uma

---

245 LÖWENTHAL, Leo. *Philosophischen Frühschriften*. Frankfurt am Main: Suhrkamp, 1990, p. 174.

manifestação de "niilismo positivo" ou "nobre e positiva violência da destruição [*die edle und positive Gewalt der Zerstörung*]".[246] Esses dois elementos (o messianismo e o niilismo positivo) poderiam ampliar a minha intervenção sobre o texto de Benjamin: estaria em posição de destaque a sugestão ou intuição genial de Benjamin de que a primeira grande rebelião, na história da justiça (e a última no quadro do mito[247] ou do direito), evoca ou provoca qualquer coisa de messiânico; que esse episódio maior na vida de certo povo – cujos iniciadores são Coré e alguns rebeldes – representa o começo da construção do teatro messiânico.

No entanto, inversamente, por mais que se tente encontrar os sinais e as formas do messianismo[248] na rebelião, por mais que, por exemplo, Coré – "contrariamente a" Benjamin, mas sempre "com ele" – seja o "primeiro opositor de esquerda de toda a história política",[249] a derradeira e divina violência que Deus exerce sobre ele seria, para Benjamin, uma violência, de fato, pura e revolucionária cometida, precisamente, contra o primeiro revolucionário. A circulação do título de meu artigo dentro do subtítulo, e vice-versa, é uma descrição precisa do equívoco em relação ao entendimento da revolução em Benjamin, pois aquele que desempenha a violência revolucionária não se encontra onde nós esperamos que ele se encontre. Seria, precisamente, essa espera enganadora que nos remete

---

246 SCHOLEM, Gershom. "Im Gespräch über Walter Benjamin". *Sinn und Form*, nº 4, 2007, pp. 501/502.

247 Ernst Bloch escreve sobre Coré, após a Segunda Guerra Mundial, como *die mythische Reflexe* contra aquilo que é hierarquicamente inferior (*oben*). Cf. BLOCH, E. *Gesamtausgabe XIV*. Frankfurt am Main: Suhrkamp, 1959-1978, pp. 108/109.

248 Sigo aqui novamente o Bloch do grande livro do pós-guerra, *Das Prinzip Hoffnung*, quando ele escreve sobre a rebelião como ideia messiânica por excelência. A ideia messiânica fundamental situa-se na rebelião de Moisés contra os egípcios.

249 WALZER, Micahel. *Exodus and Revolution*. Nova York: Basic Books, 1985, p. 111.

incessantemente à *Crítica da Violência* de Benjamin? Mas, antes de mais nada, o que, de fato, nós esperamos? Não esperamos uma última violência de dimensões catastróficas que suprima toda a violência futura e toda a espera? Esperamos o sujeito dessa violência positiva – o nobre sujeito da revolução? Esperamos justiça?

Eis a célebre passagem de Benjamin sobre a distinção entre violência mítica e violência divina – distinção essa que é o ponto culminante de seu texto. Este fragmento é imediatamente precedido por algumas frases ambíguas, nas quais Benjamin, em referência a Hermann Cohen, trata da rebelião tanto como característica principal da luta contra o espírito das legislações míticas (diminuindo, por isso, a importância da figura do rebelde) quanto como nossa (talvez mais importante) tarefa. Na história, o papel danoso que desempenhou a manifestação mítica e imediata da violência – isto equivale, para Benjamin, à violência jurídica (*Rechtsgewalt*) – exige sua supressão.

> Tal tarefa suscita novamente, em última instância, a questão de uma violência pura, imediata [*einer reinen unmittelbaren Gewalt*], que possa estancar a marcha da violência mítica. Assim como, em todos os domínios, Deus se opõe ao mito, a violência divina se opõe à violência mítica. E, de fato, estas são contrárias em todos os aspectos. Se a violência mítica é instauradora do direito [*mytische Gewalt rechtsetzend*], a violência divina é aniquiladora do direito [*die göttliche rechsvernichtend*]; se a primeira estabelece fronteiras, a segunda aniquila sem limites; se a violência mítica traz, simultaneamente, culpa e expiação, a violência divina [*göttliche*] expia a culpa; se a primeira é ameaçadora, a segunda golpeia; se a primeira é sangrenta, a divina é letal e não-sangrenta [*so diese auf unblutige Weise letal*]. À lenda de Níobe, pode-se contrapor, como exemplo dessa violência, o juízo divino do bando de Coré [*Gewalt Gottes Gericht an der Rotte Korah gegenübertreten*]. O juízo divino atinge os privilegiados, os Levitas [*Es trifft Bevorrechtete, Leviten*]; atinge sem preveni-los, golpeia sem ameaçá-los, e não hesita diante da aniquilação [*trifft sie unangekündigt, ohne Drohung, schlagend und macht*

> *nicht Halt vor der Vernichtung*]. Mas, ao mesmo tempo, o juízo divino expia a culpa ao aniquilar e não se pode perder de vista a profunda conexão entre o caráter não sangrento e o caráter de expiação purificadora dessa violência. Pois o sangue é o símbolo da mera vida [*das Symbol des blosses Lebens*]. A suspensão da violência do direito [*Auslösung der Rechsgewalt*] remete – o que não se pode mostrar aqui de maneira mais detalhada – à culpa inerente à mera vida natural, culpa que entrega o vivente, de maneira inocente e infeliz, à expiação com a qual ele purga sua culpa – livrando também o culpado não de sua culpa, mas do direito. Pois, com a mera vida, termina o domínio do direito sobre o vivente [*die Herrschaft des Rechtes über den Lebendigen auf*]. A violência mítica é violência sangrenta exercida em favor próprio contra a mera vida; a violência divina e pura se exerce contra toda a vida, em favor do vivente [*die göttliche reine gewalt über alles Leben um des Lebendigen willen*]. A primeira exige sacrifícios; a segunda os aceita [*Die erste fordert Opfer, die zweite nimmt sie an*].[250]

Consequentemente, Benjamin concebe a "violência divina" como uma potência que Deus possui ou como uma violência que Ele exerce quando julga Coré e seu grupo. É o seu único exemplo. Esse sintagma de "violência divina" (impreciso, mas corrente nos textos teológicos) tem em Benjamin algumas formulações alternativas, por meio das quais ele se opõe, em seu texto, à violência jurídica, ou seja, à violência criada e conservada pelo direito. A "violência divina" é, ao mesmo tempo, a "violência pura e imediata", a "greve proletária" de Sorel, que não é violenta mas destrói, assim como a "violência pedagógica [*erzieherische Gewalt*]" que está igualmente fora do direito. De acordo com Benjamin, a "violência divina", ocorrida outrora e a crise das normas jurídicas míticas, fundam em

---

250 BENJAMIN, Walter. "Prolégomènes à une critique de la violence". *In*: ______. *Œuvres Choisies*. Trad. M. de Gandillac. Paris: Julliard, 1959, pp. 41/42.

conjunto uma nova época histórica (*ein neues geschlitlisches Zeitalter*). Benjamin anuncia a chegada de algo "novo", algo que não está mais tão distante de nós (não se trata, de todo modo, de um novo direito).[251] Ele afirma, em seguida, que a "violência revolucionária" não é mais impossível; e, enfim, anuncia uma violência completamente nova e misteriosa cuja vinda é iminente e que parece ter todas as características do messiânico e do soberano.[252] A "violência divina" parece estar constantemente presente porque ela pode advir de todas as formas imagináveis (guerra, execução de castigos mortais etc.) e inimagináveis. No fim do seu texto, Benjamin insiste sobre o fato de que esta violência permanece, para nós, completamente obscura e incompreensível.

É sabido que essa longa passagem, que acabo de citar, é a parte mais importante e talvez mais original de a *Crítica da Violência*. Benjamin procura formular aí o seu argumento, distinguindo um gênero de violência pelo qual serão julgados Níobe e Coré. A distinção serve-lhe para designar e instituir um novo gênero de violência e depois se opor, vigorosamente, ao pacifismo revolucionário e radical,

---

251 Franz Rosenzweig emprega a expressão de "novo direito" numa passagem do livro *Der Stern der Erlösung*, que foi publicado no mesmo ano que o texto de Benjamin. "É o sentido de toda a violência o de fundar um novo direito [*neues Recht gründe*]. Ela não é uma negação do direito, como se pensa frequentemente, fascinados que somos pela sua aparência subversiva: ao contrário, ela o funda. Mas a ideia de um novo direito encerra uma contradição. Na sua essência, o direito é direito antigo. E eis que a violência se desvela como a renovadora do direito antigo [*die Erneuerin des alten Rechts*]. No ato violento [*gewaltsamen Tat*], o direito não cessa de se transformar em direito novo". Cf. ROSENZWEIG, Franz. *Der Stern der Erlösung*. Frankfurt am Main: Suhrkamp, 1996, p. 370.

252 No texto original: "Die göttliche Gewalt, welche Insignium und Siegel, niemals Mittel heiliger Vollstreckung ist, mag die waltende heißen". Cf. BENJAMIN, Walter. "Zur Kritik der Gewalt". *In*: ______. *Gesammelte Schriften II*. Frankfurt am Main: Suhrkamp, 1991, pp. 199/200.

e ao judaísmo de Kurt Hiller com sua compreensão da vida.[253] Essa passagem é extremamente complicada porque, à luz dessa diferença e da nova violência, identificada no caso de Coré, Benjamin ali relê e discute todos os elementos do seu próprio texto.

Eu gostaria de enumerar esses elementos e, eventualmente, sugerir outras possíveis fontes e razões para a introdução de Coré por Benjamin no texto. Na hipótese de que, talvez por precaução, os "rastros" que dizem respeito a Coré e a seu grupo tenham sido apagados ou permanecido inacessíveis, minha intenção é encontrar justificativas para o fato de que quase nenhum dos leitores de Benjamin tenha se preocupado com essa analogia.[254]

Esses "elementos" são, na realidade, os textos que Benjamin utiliza no decurso da composição de seu texto. É possível reconstruir,

---

253 O texto de Hiller, "Anti-Kain. Ein Nachwort zu dem Vorhergehenden", que Benjamin cita a partir da revista *Das Ziel* (1919), é precedido por um curto texto de Rudolf Leonhard, "Endkampf der Waffengegner!", consagrado à greve dos Spartakistas. Este último termina com um apelo à luta contra as armas (*Kampf gegen die Waffe!*, p. 23). O texto de Hiller ataca o bolchevismo em nome de uma revolução sem armas e sem terror: é preferível permanecer escravo do que provocar uma rebelião armada [*gewalttätige Rotte*], afirma Hiller na página 27. Quando cita Hiller no seu texto, Benjamin omite algumas palavras na página 25. A frase completa diz: "*Brutalisiere ich nicht, töte ich nicht, so errichte ich nimmermehr das Weltreich der Gerechtigkeit, des ewigen Friedens, der Freude – so denkt der geistige Terrorist, so denk der edelste Bolschewik, so dachten die von eberttreuen Millitars vorsätzlich und heimtückisch erschlagenen Spartacusführer. Wir aber bekennen, daß höher noch als Glück und Gerechtigkeit eines Daseins*" (p. 25).

254 Kurt Anglet menciona Coré e sua rebelião no livro *Messianität und Geschichte*. Berlim: Akademie Verlag, 1995, p. 35. É igualmente o caso de Jacques Derrida, que se refere a ele apenas no *post scriptum* do livro *Force de loi* (Paris: Galilée, 1994, p. 145). Eric L. Jakobson menciona Coré na sua tese de doutorado sobre Benjamin e Scholem defendida em Berlim em 1999. O único texto que tematiza a violência divina e examina parcialmente o emprego que faz Benjamin da revolução de Coré é o texto de Brian Britt, *Divine Violence in Benjamin and Biblical Narrative*.

de maneira relativamente fácil, a nossa leitura, partindo dos numerosos textos para os quais a passagem citada nos remete, bem como do conjunto de referências de *Crítica da Violência*, ou seja, partindo das fontes de Benjamin.

1) No primeiro grupo encontram-se os textos que Benjamin cita explicitamente: Kant, Unger, Sorel, Cohen[255] e Hiller.

2) Segue-se o grupo de livros, textos ou conceitos que, sabemos, influenciaram, de uma maneira ou de outra, o trabalho de escrita de Benjamin. Primeiro, o livro de Hugo Ball, *Zur Kritik der deutschen Intelligenz* de 1919 (para além do emprego idêntico da palavra "crítica", parece-me que Benjamin se lembra bem da análise que Ball faz sobre o livro de Dante, *De Monarchia,* Cap. 1.1). Em seguida, evidentemente, os livros de Ernst Bloch: *Geist der Utopie* (1918) e *Thomas Münzer, als Theologe der Revolution* (1921). Enfim, Baudelaire, citado e traduzido por Benjamin antes de escrever este texto – os conceitos de "golpe", de "choque"[256] e de "catástrofe"[257] são muito comuns em Benjamin.

---

255 Relembro dois textos de Günther Figal que consideram o problema da pura vontade e de um puro meio a partir da influência de Kant e de Hermann Cohen sobre Walter Benjamin: "Recht und Moral als Handlungsspielräume". *Zeitschrift für Philosophische Forschung*, nº 36, 1982, pp. 361-377; e "Die Ethik Walter Benjamins als Philosophie der reinen Mittel". *In*: FIGAL, Günther; FOLKERS, Horst (Coord.). *Zur Theorie der Gewalt und Gewaltlosigkeit bei Walter Benjamin.* Heidelberg: Texte und Materialien der FEST, 1979, pp. 1-24.

256 Em 1964, numa réplica aos textos de juventude de Benjamin, Marcuse escreve sobre o choque. Ver BENJAMIN, Walter. *Zur Kritik der Gewalt und andere Aufsätze*. Frankfurt am Main: Suhrkamp, 1965, p. 105.

257 A "catástrofe" é seguramente a obsessão de Scholem, mas ela também se apresenta, em Erich Unger, logo no princípio do texto *Politik und Metaphysik*: ("*jede unkatastrophale Politik ist unmetaphysisch nicht möglich*"). Cf. UNGER, Erich. *Politik und Metaphysik*. Würzburg: Konigshausen und Neumann, 1989, p. 7.

3) Um grupo de textos que quase nunca é mencionado – mas que tem, definitivamente, um traço significativo na construção do texto de Benjamin – é constituído pelo livro de Rickert, *Die Philosophie des Lebens*,[258] pela brochura de David Baumgardt, datada do mesmo ano, sobre o problema e o conceito do possível[259] (e do impossível), e, certamente, pelos textos de Hegel, sem os quais a escrita de Benjamin não poderia jamais existir. Não se trata de uma simples reiteração, por Benjamin, das figuras hegelianas de violência – como o é, por exemplo, a violência do herói ou a "violência pura";[260] não se trata de somente reescrever e corrigir os diferentes sintagmas de Hegel,[261] mas, sobretudo, da tematização benjaminiana da relação entre direito e violência, que é completamente retomada de Hegel, "um místico da violência" [*eines Mystikers der Gewalt*].[262]

---

258 RICKERT, Heinrich. *Die Philosophie des Lebens, Darstellung und Kritik der philosophischen Modeströmungen unserer Zeit*. Tübingen: Mohr, 1920.

259 BAUMGARDT, David. *Das Möglichkeitsproblem der Kritik der reinem Vernunft, der modernen Phänomenologie und der Gegenstandstheorie*. Berlim: Reuther und Reichard, 1920. Este livro foi publicado como "Ergänzungshefte" na revista *Kant-Studien*, nº 51. Ele seria muito importante para uma teoria imaginária do possível e do impossível, que compreenderia Fausto, Hartmann e o Jacques Derrida tardio.

260 HEGEL, Georg Wilhelm Friedrich. *Jenaer Schriften*, 1801-1807. Hamburg: Felix Meiner, 1970, pp. 474/475.

261 No apêndice ao §70, nós reencontramos, por exemplo, a prodigiosa distinção das violências em Benjamin ("Uma exige o sacrifício, a outra aprova-o [*Die erste fordert Opfer, die zweite nimmt sie an)*]"): "Se o Estado exige o sacrifício da vida, o indivíduo deve consenti-lo. Mas o homem tem o direito de tirar ele próprio sua vida [*Wenn der Staat daher das Leben fordert, so muß das Individuum es geben, aber darf der Mensch sich selbst das Leben nehmen*]?" Cf. HEGEL, Georg Wilhelm Friedrich. *Grundlinien der Philosophie des Rechts*. Frankfurt am Main: Suhrkamp, 1970, p. 152.

262 Carta a Scholem de 31/01/1918. BENJAMIN, Walter. *Briefe I*. Frankfurt am Main: Suhrkamp, 1978, p. 171. Sobre o direito da violência em Hegel, ver §§432-433 da *Enciclopédia*.

4) Os textos jurídicos e os textos de juristas constituem uma fonte específica de inspiração para Walter Benjamin. Não temos razão para pressupor que Benjamin não conhecesse os trabalhos de Stammler sobre a teoria do anarquismo, sobre o direito do mais forte [*das Recht des Stärkeren*] ou, ainda, sobre a série de estudos (desiguais em seu valor) que, a partir de 1909 e impressos em francês, tratavam da relação entre o direito e a força (autores como Daniel Lesueur, Edgar Milhaud, Jacques Flach, Raoul Anthony). Em contrapartida, é certo que Benjamin não pôde ler, antes da redação de seu próprio texto, o livro mais sistemático sobre o mesmo tema, pois este foi publicado no ano em que aparece a *Crítica da Violência*. Trata-se do livro de Erich Brodmann, *Recht und Gewalt*.[263] Entretanto, para Benjamin, o fundamento direto da escrita de seu texto poderia ser o texto do jurista Herbert Vorwerk, "Das Recht zur Gewaltanwendung", publicado em setembro de 1920.[264] Partirei da suposição de que este texto – e a polêmica que ele suscitou – impulsionaram Benjamin a redigir, às pressas, um texto curto em resposta aos problemas do direito

263 BRODMANN, Erich. *Recht und Gewalt*. Berlim : De Gruyter, 1921. A inflação de livros sobre o tema suscitará, nos anos seguintes, vivas reações e negação da existência de qualquer laço entre o direito e a violência. Em *Vorlesungen über praktische Philosophie*, Paul Natorp afirma que o direito não produz coação [*Zwingt nicht*], que a violência não forma o direito (*Gewalt schafft nicht Recht*, §180, p. 457, 458). Ele fala de *Gewalt* como de *Rechtwaltung* e do não direito sob a máscara do direito [*Unrecht hinter der Maske des Rechts*]. "Existe igualmente a força da lei [*rechtliche Gewalt*] [*Gewalt, die Selbst aus dem Rechte fliesst*], mas não existe qualquer lei de força ou direito à violência [*ein Recht der Gewalt*] [*Recht, das aus Gewalt fliesst*]. A violência não forma o direito. Da mesma maneira que o poder [*Macht*] não forma o direito" (§197, pp. 492, 493).

264 A pedido do chefe de redação da revista *Blätter für religiösen Sozialismus*, Carl Mennicke, e do seu amigo Paul Tillich, Vorwerk publicou este texto no nº 4 da revista (1920). O texto é extremamente curto (uma página e meia) e é seguido do comentário do redator por quase por uma página. Mennicke conclui a polêmica no nº 6 (1921).

e da legitimidade do uso da violência. Assim, a nota de Benjamin a propósito do texto de Vorwerk poderia significar o primeiro esboço da *Crítica da Violência*. Ao mesmo tempo, a *Crítica* consistiria, possivelmente, em um resumo completo de alguns textos esquecidos de Benjamin, esboços e projetos sobre a política que ele escrevia àquela altura. Se fosse preciso, agora, procurar um elo entre essas três mãos (a de Vorwerk e as duas de Benjamin, que escreve uma nota e um texto em alguns meses de intervalo), eu então escolheria, no texto de Vorwerk, o fragmento que coloca Benjamin fundamentalmente à distância do direito e da violência do direito (ou da violência do Estado). Na página 15, Vorwerk registra: "Um direito à violência", tal como ensinavam os juristas há cem anos, é conceitualmente impossível".[265]

Não existe tal conceito. Dito de outro modo, não existe o direito que leva à revolução: uma revolução que sobrevém no quadro da lei é impossível. O sintagma do "direito à revolução" é, então, um puro e simples absurdo. No final do texto *Crítica da Violência*, tudo se passa como se Benjamin descobrisse um outro espaço para a violência e para a revolução:

> Se a existência da violência, sob sua forma pura e imediata, pode garantir-se um estatuto durável para além do direito [*jenseits des Rechtes*], provar-se-á a possibilidade do poder revolucionário [*die revolutionäre Gewalt möglich ist*].

Para que tal resposta seja possível, para que aquilo que é conceitualmente impossível se torne possível, é necessário mudar de registro e separar absolutamente direito e violência. Só a violência que se pode abstrair completamente do direito pode ser chamada de violência revolucionária (divina, absoluta, pura, soberana etc.).

---

265 No original: "'Ein Recht auf Revolution' wie es noch die Staatsrechtslehrer vor hundert Jahren lehrten, ist begrifflich unmöglich".

Essa distinção estrita é a condição para a descoberta de um espaço (e de um tempo) completamente novo, fora do direito. Na nota e nas primeiras reações ao texto de Vorwerk – alguns meses antes da *Crítica da Violência* –, Benjamin opõe-se à violência do direito, ou seja, à "tendência intensiva do direito à sua própria efetivação" [*intensive Verwirklichungstendenz des Rechts*]. A sua intenção é de limitar a pressa e a impaciência do direito em ocupar "o mundo". Parece que esta reserva em relação ao direito é uma introdução a algo totalmente diferente.

> Do ritmo violento da impaciência [*Um den gewalttätigen Rhytmus der Ungeduld*] no qual o direito existe e encontra a sua medida temporal, ao contrário do bom <?> ritmo da expectativa [*Rhytmus der Erwartung*], no qual se desenrola o acontecimento messiânico [*in welchen das messianische Geschehen verläuft*].[266]

O ponto de interrogação que se situa após o adjetivo "bom" [*guten*] é uma intervenção posterior de Benjamin e constitui o propósito desta frase. Não se trata somente de uma hesitação latente ou de um prazo que Benjamin concede a si próprio na espera de um adjetivo mais preciso, mas também dessa mesma incerteza face ao acontecimento anunciado como derradeiro e divino. O ponto de interrogação suprime e não suprime, ao mesmo tempo, o horizonte de previsibilidade do acontecimento que já se desenvolve agora[267] e que,

266 BENJAMIN, Walter. *Zur Kritik der Gewalt und andere Aufsätze*. Frankfurt am Main: Suhrkamp, 1965, p. 202.

267 Este fragmento torna-se mais claro ao olhar de um texto ainda não publicado de Gershom Scholem: "Walter disse uma vez: o reino messiânico está sempre presente. Este juízo [*Einsicht*] contém a maior verdade, mas apenas numa esfera que, no meu entender, ninguém atingiu após os profetas" (1917). A citação é extraída de LÖWY, Michael. "O messianismo heterodoxo na obra de juventude de Gershom Scholem". *In*: ATTIAS, J.C. *et al.* (Coord.). *Messianismes*: variations sur une figure juive. Genebra: Labor et Fides, 2000.

ao mesmo tempo, atrasa-se sem cessar [*die Verzögerung*]. O acontecimento messiânico,[268] como acontecimento que deve interromper (e que interrompe) a violência do direito, última violência que suprime toda a violência futura, define e estrutura a espera [*Erwartung*]. Só a espera tornará efetivo aquilo que é completamente impossível.

5) A leitura que Benjamin faz do texto de Vorwerk e a sua manifestação de resistência contra a violência do direito introduzem-nos ao último grupo de textos e testemunhos – o grupo mais importante – que compõe a *Crítica da Violência*. Este é um "texto" infinito e complexo que recompõe a amizade de Benjamin e de Scholem e que, ainda hoje, é impossível de reconstituir em sua inteireza. Não penso, aqui, tanto na dificuldade de classificar todos os vestígios que Scholem e a relação Benjamin-Scholem imprimem sobre o texto de Benjamin,[269] mas sim nas estratégias inteiramente secretas e incertas de Scholem em relação aos arquivos. A fim de me concentrar

---

268 Cf. BENSUSSAN, Gerard. *Messianisme, messianicité, messianique. Pour quoi faire, pour quoi penser?*: une histoire de l'avenir. Paris: Vrin, 2004, pp. 26/27.

269 Além de algumas cartas sem as quais a análise da *Crítica da Violência* não pode começar (a carta mais importante sendo a enviada a Scholem em janeiro de 1921), penso também no trabalho de Scholem sobre os textos originais e na sua troca interrompida com Benjamin; na investigação inicial de Scholem sobre o messianismo apocalíptico e a catástrofe; no seu genial manuscrito "Bolchevismo" *(Der Bolschewismus)*, que trata da revolução judaica, do reino messiânico, do sangue, da rebelião e da célebre "Ditadura da pobreza" [*die Diktatur der Armut*] (SCHOLEM, G. *Tagebücher*: 1913-1917. Frankfurt am Main: Jüdischer Verlag, 1995, pp. 556-558); nas suas inolvidáveis notas de 1915 sobre a revolução: "*Unser Grundzug: das ist die Revolution! Revolution überall*", (SCHOLEM, G. *Tagebücher*: 1913-1917. Frankfurt am Main: Jüdischer Verlag, 1995, p. 81); nas "Teses sobre o Conceito de Justiça" de Benjamin, publicadas nos cadernos de Scholem (provavelmente classificados sem razão válida em 1916) e na distinção capital entre *mischpatah* [*mishpat*], *Recht* e *zedek* [*zedaka*], (SCHOLEM, G. *Tagebücher*: 1913-1917. Frankfurt am Main: Jüdischer Verlag, 1995, pp. 401/402).

no texto de Benjamin e na "violência divina", poria de lado algumas questões irredutíveis nos casos de Scholem, Adorno ou Buber para não levantar dúvidas mais significativas sobre "a utilização" e a "manipulação" dos arquivos do século XX. Parece-me que a menção de Benjamin a Coré e a seu grupo seria consideravelmente mais transparente se, por exemplo, fosse encontrada a carta de Scholem de 04 de agosto de 1921 da qual fala Benjamin.[270] Seria mais fácil tematizar as intenções de Benjamin se os "Cadernos" e a "Correspondência" de Scholem entre 1918 e 1922 fossem acessíveis ao público. O mesmo é válido no que se refere às recepções do texto de Benjamin. Quão diferente seria, por exemplo, o texto *Crítica da Violência* se, diante de nós, tivéssemos a interpretação da maior pensadora da violência do último século – além de amiga de Benjamin –, Hannah Arendt.

Três textos ou experiências de Benjamin, como leitor e testemunha da Alemanha do pós-guerra, podem estar na raiz da analogia presente no título deste capítulo:

a) O romance de Hermann Bahr, *Die Rotte Korahs* (1919), sobre o destino de um barão austríaco que, subitamente, descobre ser filho e herdeiro de um detestável judeu que se beneficiara da guerra. O exame, que conduz Bahr sobre a oposição entre sangue e meio, ou seja, entre biologia e cultura, por ocasião da questão racial – seguida da relação entre lei e dinheiro, entre moral e corrupção, assim como o seu antissemitismo histórico e a sua fé paradoxal na regeneração dos judeus –, são elementos que certamente atraíram a atenção de Benjamin.[271]

270 "Tudo o que me escreveste sobre 'Crítica da Violência' me encantou, naturalmente. Ela se parece com os dias de hoje" (BENJAMIN, W. *Briefe I*. Frankfurt am Main: Suhrkamp, 1978, p. 270).

271 O romance foi publicado pela editora S. Fisher em 1919. Benjamin seguiu a atividade muito fecunda de Bahr e citou-o regularmente em

b) Em Kant, que ele leu dedicadamente durante anos, Benjamin pôde deter-se em uma passagem fundamental do livro *A Religião nos limites da simples razão*. Na segunda edição do livro (1794), Kant traz alguns suplementos à sua formulação habitual, segundo a qual "o homem deve sair [*herausgehen soll*] para entrar (em um estado político e civil [*um in einenpolitisch – bürgerlichen zu treten*])".[272] Na segunda frase do parágrafo, Kant utiliza um pleonasmo para reforçar a imagem do esforço: "o homem natural deve esforçar-se por sair [*der natürlische Mensch* (...) *herauszukommen sich befleissigen soll*]" (a primeira edição continha um "esforça-se" em lugar do infinitivo "esforçar-se"). Na sequência da frase, Kant mostra certa precipitação: o homem "deve esforçar-se para sair tão cedo quanto possível [*so bald wie möglich herauszukommen sich befleissigen soll*]". No parágrafo seguinte, Kant afirma que o homem não pode "sair sozinho", pois este dever diz respeito não às pessoas isoladas, mas sim ao gênero humano [*eine Vereinigung derselben in ein Ganzes*]; mais precisamente, este dever "exige a perfeição [*Vollkommenheit*], (...) um sistema de pessoas bem-intencionadas [*System Wohlgesinnter Menschen*], (...) uma totalidade".[273] Este grande dever [*Pflicht*] de "saída", que difere de todos os outros, supõe duas condições que Kant anuncia imediatamente: por um lado, ele "exige a suposição de uma ideia 'de um ser moral superior',[274] ou seja, a ideia de

---

seus textos. Entretanto, o livro *Die Rotte Korahs* não é mencionado na lista de livros que Benjamin possuía.

272 KANT, Immanuel. "Die Religion innerhalb der Grenzen der bloßen Vernunft". *In*: ______. *Kants gesammelte Schriften*. Berlim: De Gruyter, 1969, p. 97, t. 6.

273 KANT, Immanuel. "Die Religion innerhalb der Grenzen der bloßen Vernunft". *In*: ______. *Kants gesammelte Schriften*. Berlim: De Gruyter, 1969, p. 98, t. 6.

274 "Presume-se, já avançadamente, que este dever exige a suposição de uma outra ideia, a saber, a de um ser moral superior (*eines höhern moralischen Wesens*) que, graças às suas disposições gerais associa as

Deus" (o que permitirá a Kant qualificar a comunidade dos homens que cumprem esse dever de "saída" como "povo de Deus",); por outro lado, ele supõe uma outra ideia, oposta à primeira e, sobretudo, oposta à comunidade precedente: "a ideia de um bando do princípio maligno".

> A um tal povo de Deus, pode-se opor a ideia de um bando do princípio maligno [*die Idee einer Rotte des bösen Princips entgegensetzen*], que seria a associação [*Vereinigung*] daqueles que são do seu partido para espalhar o mal [*zur Ausbreitung des Bösen*], ao qual importa não deixar formar-se a sociedade oposta [*jene Vereinigung nicht zu Stande kommen zu lassen*]; ainda que o princípio aqui em disputa [*anfechtende Princip*] com as intenções virtuosas se encontre em nós mesmos e seja apresentado como força exterior apenas de forma figurativa [*in uns selbst liegt und nur bildlich als äußere Macht vorgestellt wird*].[275]

c) O seminário de Goldberg e os encontros que Benjamin fez com os membros do seu círculo (já mencionei Unger e Baumgardt, aos quais Scholem era particularmente alérgico) poderiam ser o estímulo mais importante de Benjamin em sua reflexão sobre o sacrifício, o sangue e a violência a propósito de Coré. Por ora, o único argumento a favor dessa hipótese são as longas

---

forças insuficientes dos indivíduos (*unzulänglichen Kräfte der Einzelnen*) em vista de um resultado comum. Todavia, é preciso, antes de tudo, deixar-nos guiar de uma maneira geral pelo fio condutor desta necessidade moral e ver aonde ela nos conduzirá". Cf. KANT, Immanuel. "Die Religion innerhalb der Grenzen der bloßen Vernunft". *In*: ______. *Kants gesammelte Schriften*. Berlim: De Gruyter, 1969, p. 98.

275 Ver KANT, Immanuel. "Die Religion innerhalb der Grenzen der bloßen Vernunft". *In*: ______. *Kants gesammelte Schriften*. Berlim: De Gruyter, 1969, p. 100 e 135. Nesse mesmo ano, no texto *Das Ende aller Dinge* (Band VIII, p. 332), Kant faz-nos descobrir que este grupo que ele menciona é o grupo de Coré. Trata-se de Coré e do seu grupo, *der Rotte Korah*.

passagens do livro de Goldberg publicado em 1925.[276] Na rebelião de Coré (que ele nomeia *Korah-Aufstand* e, igualmente, *Korah-Unternehmen*, "a empreitada de Coré"), Oskar Goldberg vê uma ameaça dirigida ao núcleo metafísico (*metaphysischen Zentrums*). A reação (*Reaktion*) a esta rebelião – que, segundo Goldberg, é incompreensível do ponto de vista "teológico" – é como uma reação do corpo (*Körper*) quando um dos seus órgãos vitais é atingido (*wenn ein lebenswichitiges Organ empfindlich angegriffen wird*).[277]

Estas três fontes hipotéticas da analogia de Benjamin têm valores desiguais e pertencem a regimes textuais diferentes. No entanto, se colocarmos de lado a obscura alegoria de Herman Bahr, notar-se-á que, tanto em Kant como em Goldberg, o bando de rebeldes é reduzido e reconduzido a uma pequena "parte" que contradiz "todo". A "parte" do mal não pode constituir-se em entidade ou comunidade que subsista na resistência. Dito de outro modo, a "parte" não pode persistir como parte no interior do todo: desde logo, a reação do todo é terrível e a destruição dos rebeldes é necessária. É interessante observar que, tanto em Kant como em Goldberg, esse "princípio maligno" é interiorizado e apresentado de modo figurado: como uma parte de "nós mesmos", em Kant; e como uma agressão dos órgãos do nosso organismo ou "corpo", em Goldberg.

Retomo agora, uma vez mais, o texto de Benjamin:

> Assim como, em todos os domínios, Deus se opõe ao mito, a violência divina se opõe à violência mítica. E, de fato, estas

276 GOLDBERG, Oskar. *Die Wirklichkeit der Hebräer*: Einleitung in das System des Pentateuch. Berlim: Verlag David, 1925. Goldberg pensa os problemas da santidade, da destruição, do sacrifício, do sangue (160-3). Ele menciona também um *unblutige Opfer* no contexto do sacrifício à deusa Cáli (p. 139).

277 GOLDBERG, Oskar. *Die Wirklichkeit der Hebraer*: Einleitung in das System des Pentateuch. Berlim: Verlag David, 1925, pp. 194/195.

> são contrárias em todos os aspectos. Se a violência mítica é instauradora do direito [*mytische Gewalt rechtsetzend*], a violência divina é aniquiladora do direito [*die göttliche rechsvernichtend*]; se a primeira estabelece fronteiras, a segunda aniquila sem limites; se a violência mítica traz, simultaneamente, culpa e expiação, a violência divina [*göttliche*] expia a culpa; se a primeira é ameaçadora, a segunda golpeia; se a primeira é sangrenta, a divina é letal e não-sangrenta [*so diese auf unblutige Weise letal*]. À lenda de Níobe, pode-se contrapor, como exemplo dessa violência, o juízo divino do bando de Coré [*Gewalt Gottes Gericht an der Rotte Korah gegenübertreten*]. O juízo divino atinge os privilegiados, os Levitas [*Es trifft Bevorrechtete, Leviten*]; atinge sem preveni-los, golpeia sem ameaçá-los, e não hesita diante da aniquilação [*trifft sie unangekündigt, ohne Drohung, schlagend und macht nicht Halt vor der Vernichtung*].

Pode-se confirmar que Benjamin segue as interpretações de Kant e Goldberg por meio da ideia de que a violência divina se opõe à violência mítica em todos os aspectos. Não há castigo enquanto tal para este bando, mas sim o juízo de Deus que protege o todo: a ação divina ou a "violência divina" destrói e salva ao mesmo tempo (é por isso que essa violência traz a justiça e não o direito).[278] Deus não dá a advertência prévia e não ameaça aqueles a quem aniquila: ele adverte somente os que o ouvem.

Mas isto não é tudo. Parece-me que, com efeito, a ambição de Benjamin vai mais longe, e que o seu emprego de Coré excede tanto os três momentos que acabo de distinguir quanto os dois problemas que evoquei e mantive até aqui em segundo plano. A saber: inicialmente, eu insisti sobre a surpresa que surge no texto de Benjamin quando

278 O emprego, por Benjamin, das palavras "processo" e "juízo" [*Gericht*] implica a distinção entre o direito (*mishpat*) e a justiça (*sedaqa*). Na medida em que Deus é o sujeito de uma ação que traz e dá a justiça, a sua ação não é punitiva, mas protetora. É aí que se encontra a característica fundamental da raiz *sdq*.

alguém que parecia ser de esquerda, o revolucionário por excelência (Coré, o sedicioso, segundo Walzer) – e Benjamin fala bastante da revolução no seu texto –, é subitamente aniquilado pela "violência divina". Ajuntarei, mais adiante, um segundo problema, que diz respeito ao intercâmbio entre Benjamin e Scholem e que sugere a influência que os textos sagrados e as análises rabínicas poderiam ter exercido sobre a formação da representação que Benjamin faz de Coré. Portanto, diferentemente de Goldberg, Kant, Walzer e Scholem, Benjamin tenta pensar em conjunto o ponto de vista "teológico" incompreensível (*theologische Gesichpunkte*) e o gesto revolucionário da rebelião. É somente no plano desse cruzamento da teologia e da revolução (e não da política) que é possível o impossível: o acontecimento messiânico. Coré é o grandioso exemplo do pseudo-Messias e do falso revolucionário, mas também é o primeiro iniciador do teatro messiânico e do mundo por vir.

Mas por que Coré seria então um falso revolucionário? A resposta mais precisa é que Coré não é o Messias. Quando Deus atinge e aniquila Coré e seus seguidores, Benjamin – e está aí outra grande surpresa – define-os como levitas privilegiados. Eles são os privilegiados, *die Bevorrechtete* ("*Es trifft Bevorrechtete*"; o adjetivo é *bevorrechtig*). Mesmo que este termo estranho se refira, de maneira ambígua, ao fato de eles serem atingidos e aniquilados antes de serem julgados – antes do processo, portanto, da ameaça e da advertência –, parece que a intenção de Benjamin é totalmente diversa. Ademais, como podem ser chamados de "privilegiados" aqueles que se rebelam contra os privilégios e as prerrogativas de Moisés e Abraão para governar e oficiar? Como pode Coré, primo de Moisés, ser um privilegiado? Em suma, em virtude de que são Coré e seu grupo chamados de privilegiados? Benjamin não emprega o adjetivo habitual *priviligiert*, mas uma palavra que contém em si "direito", "juízo" e "processo" (*Bevorrechtete*). Benjamin aproxima-se, com efeito, da interpretação "teológica" segundo a qual eles são aniquilados, porque transgridem a lei. Deus defende a lei e devasta tudo o que está fora dela (os rebeldes ou os "privilegiados"). Em seguida, Benjamin mostra que esta rebelião não é uma revolução, mas a criação de um direito ou de uma lei. Eles são exterminados, porque buscam privilégios no quadro da lei existente e são privilegiados, porque a sua posição já está fora do direito (o que indica, aliás, a distinção entre a sua rebelião contra Moisés e Abraão e a sua rebelião contra Deus). A razão principal pela qual Coré é um falso revolucionário privilegiado diz respeito à sua riqueza e influência no seio do povo antes da própria rebelião.[279] Ele é um homem político, não um pobre:[280] sem dúvida, não é um revolucionário. Ainda que Benjamin não conhecesse a origem da ambição de Coré (a mulher de Coré desempenha um papel interessante em sua carreira),[281] a palavra *Bevorrechtete* é utilizada deliberadamente para mostrar que se trata da questão do privilégio material deste grupo. Por consequência, Coré e o seu grupo lutam pelo poder e, segundo Benjamin, pertencem ao domínio do direito e da violência jurídico-mítica, que não tem laços com a revolução.[282] Eles devem ser atingidos e destruídos porque não podem constituir uma comunidade adversária (o "princípio maligno" de Kant); não podem subsistir como uma parte do todo ou da comunidade (como Shamai em disputa com Hilel);[283] e não podem destruir o direito (a

---

279 Cf. *Sinédrio*, 110a; *Midrash Num. Rabbah*, 10,3, 18,13, 22,7.

280 "Só o juízo dos pobres tem um poder revolucionário" (Urteil des Armen hat allein revolutionäre Macht. Die Arme ist vielleicht nicht gerecht, aber er kann niemals ungerecht sein). Cf. SCHOLEM, Gershom. "Der Bolschewismus". *In*: ______. *Tagebücher*: 1913-1917. Frankfurt am Main: Jüdischer Verlag, 1995, p. 556.

281 Cf. *Sinédrio*, 109b-110a; "ele teve inveja da escolha do príncipe Elisafã, filho de Oziel, que Moisés havia nomeado..." (*Le Commentaire de Rachi sur la Torah*. Paris: Les éditions Biblieurope, 2005, p. 163). Fílon fala da ambição "incompreensível [*alogou fronématos*]" e do orgulho dos rebeldes. Cf. *De Praemiis et Poenis*, 13,74.

282 Cf. Números (16,2), que começa por: "Eles levantaram-se (ou eles avançaram) diante de Moisés". O sintagma "*vayacoumou lifnei (Moshé)*" tem uma conotação plenamente legal e emprega-se no tribunal para nomear o adversário (Deuterônomo, 19,15-16; Salmos, 27,12).

283 No texto *Sitra achra; Gut und Böse in der Kabbala*, Scholem evoca a rebelião de Coré no contexto de uma grande controvérsia entre dois

lei), pois a sua intenção é, ao contrário, transformá-la em um novo direito (ou seja, um novo privilégio).

Mas por que, de maneira geral, uma rebelião "reformista" "produz" o acontecimento de Deus e a sua violência destrutiva? O trabalho de analogia e contra-analogia – relembro que Benjamin, durante esses anos, escreve um texto importante sobre a analogia – permite que ele tire a seguinte conclusão: a violência absoluta (destrutiva, divina e revolucionária) aniquila a violência jurídico-política, isto é, a rebelião dentro da lei (sempre conduzida com vistas a privilégios e benefícios) como ponto de cumeada da hipocrisia absoluta do capitalismo. Inversamente, a rebelião de Coré e do seu bando é, ao mesmo tempo, a condição principal para que esta nova e inacreditável violência se manifeste com força destrutiva. O falso revolucionário anuncia o verdadeiro revolucionário. Não há revolução sem falsa violência, sem violência mítica dos rebeldes ou mesmo sem guerra.[284] Assim, o paradigma da prática revolucionária

---

doutores: Hilel e Shamai. Ele cita o fragmento do Zohar, I, 17b: "(...) a esquerda integra-se na direita [*die Linke wurde in die Rechte einbezogen*] e a paz reina em todo o lado [*und es war Harmonie im All*]. O mesmo se passou na querela entre Coré e Aarão – esquerda contra direita. (...) Ele [Moisés] tenta promover um acordo entre as partes, mas a esquerda recusou-o e a violência de Coré aumentou [*verstreifte sich im Übermass*]. Ele diz que (...) a esquerda deveria então operar uma junção, mas Coré recusará juntar-se ao Superior [*Oberen*] e integrar-se na direita [*in die Rechte einbezogen werden*], ele cairá, sem dúvida, no inferior por causa da violência da sua cólera. Com efeito, Coré recusou que a contradição fosse resolvida pela mão de Moisés, esta querela não era para 'o nome dos céus' [*um des Himmels willen*]. (...) A contradição que é posta em ordem segundo a determinação do Superior, que se eleva e não desce novamente e que se mantém retamente, é a contradição opondo Shamai e Hilel. O Santo, abençoado que ele seja, interpõe-se entre eles e, depois, promove o acordo. Este foi um conflito por amor aos céus, de modo que o Céu mediou o conflito e o mundo foi estabelecido sobre ele". Cf. *Le Zohar*. Paris: Verdier, 1981, pp. 102-106, tomo 1.

284 Cf. a distinção que faz Scholem entre a sangrenta revolução bolchevique, o império messiânico e a violência da Primeira Guerra Mundial

é descoberto na intervenção violenta de Deus, ou seja, na espera do Messias não violento.

A proposição fundamental [*der Grundsatz*] é esta:

> É somente no mundo por vir (aquele da realização) [*nur in der Kommenden Welt (der Erfülltheit)*] que a verdadeira violência divina [*echte göttliche Gewalt*] (a ação divina imediata [*unmittelbarer göttlicher Einwirkung*]) pode manifestar-se de outra forma que não a destrutiva [*anders als zerstörend*]. Se, pelo contrário, a violência divina irrompe no mundo secular, ela respira a destruição [*atmet sie Zerstörung*]. (...) Neste mundo, a violência divina [*göttliche Gewalt*] é superior [*ist höher*] à não-violência divina [*göttliche Gewaltlosigkeit*]. No mundo por vir, a não-violência divina é superior à violência divina.[285]

Mas por que Coré é então um falso Messias?

É necessário responder: porque Coré não é um revolucionário. Ainda que a sua rebelião contenha, indubitavelmente, os elementos de uma nova justiça por vir, ainda que todas as condições de um teatro messiânico se encontrem satisfeitas, Coré é somente o "arquiconspirador [*archiconspirator*]", o "desconstrutor" e o destruidor de uma comunidade em exílio. Ele começa quatro rebeliões simultaneamente (Levitas contra Aarão; Datã e Abirão contra Moisés; os líderes da tribo contra Aarão; todos juntos contra Moisés e Aarão)[286] ao to-

---

(SCHOLEM, Gershom. "Der Bolschewismus". *In*: ______. *Tagebücher*: 1913-1917. Frankfurt am Main: Jüdischer Verlag, 1995, p. 556).

285 BENJAMIN, Walter. *Gesammelte Schriften*. Frankfurt am Main: Suhrkamp, [s.d.], p. 99, tomo 6.

286 Cf. MILGROM, Jacob. *The JPS Torah Commentary Numbers (Bamidbar)*. Philadelphia: Jewish Publication Society, 1990, pp. 129 e 145. Na página 415, Milgrom corrige Abrabanel, que pensa existirem três rebeliões.

mar[287] e reunir 250 filhos de Israel. No início da rebelião, Coré diz o seguinte a Moisés e a Aarão (16,3): "Vocês foram longe demais! Toda a comunidade, sim, todos são santos [*kdschim*], e, no meio deles, está o Senhor; por que então vocês se levantam [*tinaseu*] contra a congregação do Senhor?"[288]

Em vida, Coré não pronunciará sequer uma palavra a mais.[289] Ele afirma que não somente a comunidade é sagrada, mas que tanto a comunidade quanto cada indivíduo (cada parte) são sagrados. Essa é uma novidade absoluta, mas também uma grave blasfêmia. A radicalidade dessa declaração – que coloca em causa a santidade do sumo sacerdote Aarão bem como a de Moisés, primeiro protetor de Aarão[290] e intermediário entre o povo e Deus – constitui o início de numerosas desventuras. No entanto, a intervenção (e intuição) de Benjamin abre a possibilidade de uma outra interpretação do episódio de Coré e sua destruição que, como nós sabemos, produz uma verdadeira catástrofe no sofrido povo de Deus no deserto (além dos mencionados 250, as mulheres e crianças também foram liquidadas, juntamente com outros 14.700 compatriotas). A violência revolucionária de Deus – ou a divina violência do Messias, que destrói sem derramar sangue – não apenas julga a favor de Moisés e Aarão ou da lei, mas dá, antes de qualquer coisa, orientação no

---

287 "Ele tomou, Kora'h, filho de Ytsar, filho de Kehat, filho de Levi...". O emprego no passado do verbo "tomar" ("ele tomou [*vayikach*]") significa que Coré convenceu e unificou alguns dos guias do povo, mas que ele, ao mesmo tempo, se separou da comunidade ("Ele se separou, ele se separou do resto da assembleia para levar adiante uma disputa", Rashi).

288 BERLIN, Adele; BRETTLER, Marc Zvi (Coord.). *The Jewish Study Bible*. Oxford: Oxford University Press, 1999, p. 316.

289 Afinal, é absolutamente incerto se Coré terminou como os outros, se desapareceu sem deixar rastros (*Sinédrio* 110a) e se ele disse as palavras que podem ser ouvidas se escutamos a voz vinda de *Genihom* (*Gehenna; Sheol*): "Moisés e sua Torá são a verdade; nós somos mentirosos" (*Sinédrio* 110b; *Baba Bathra* 74b).

290 Aarão é o "padre ungido" (*hacohen hamoshiyach*), Lv. 4,3-5.

caminho pelo deserto; além disso, anuncia um Messias não-violento por vir e, provavelmente, uma revolução completamente pacífica. É por essa razão que esse episódio terrível deve ser: (1) a medida de toda futura expectativa para a chegada do Messias [*mashiah*] (messianismo); (2) o indício de uma possível mudança no status dos protagonistas e do ato de Deus que escolhe, entroniza, e unge [*masah*]; (3) a medida de todo golpe [*msh*] por vir e toda revolta; (4) a medida de todo discurso [*meshiah*] por vir e todo sacrifício; e, finalmente, (5) a medida (*mashahu(m)*) de toda medida por vir.

Mas será isso verdadeiramente possível? Introduzir-nos-iam ao pensamento de um novo mundo por vir a diferenciação de Benjamin entre dois tipos de violência e o seu lembrete para considerar a violência divina no contexto da rebelião de Coré? Estaria Benjamin realmente esboçando as condições para reconhecer a violência (derradeira), para abster-se de ser violento, para esperar a violência – ou, talvez, até mesmo as condições incondicionais para o derradeiro ato de violência? E tudo isso para que a violência e a injustiça social sejam finalmente eliminadas, para que a soberania do mundo (ou de Israel, segundo Maimônides) enfim advenha?

Benjamin usa dois registros igualmente importantes para determinar se Deus (ou o Messias) comete um ato violento, isto é, se essa violência é mesmo a pretendida "violência divina" e se, por meio dela, manifestam-se Deus e o mundo por vir: por um lado, definindo as características dessa violência que parece completamente impossível; por outro, afirmando que essa violência é exatamente a violência divina pela qual Deus aniquila Coré. Paradoxalmente, ambos os registros desqualificam a ideia de que Deus só apareceria por meio da violência e da aniquilação catastrófica. De modo similar, ambos os registros previnem a possibilidade de que guerras e violências horríveis sejam legitimadas e atribuídas a um fictício autor ideal. No primeiro registro, o hesitante Benjamin caracteriza essa violência usando diferentes sinônimos para "violência divina" e analisando em detalhe a relação entre direito e violência. Para que a violência cometida seja atribuída ao Messias ou a Deus, ela deve ser simultaneamente revolucionária, limpa, absoluta, pedagógica e também desprovida de quaisquer atributos: tal violência não constitui direito ou ordem, não aporta privilégios. Em suma, não faz nada. Esse tipo de violência destrói completamente, é medido pelas vítimas, ainda que não haja sangue ou outros rastros. É como se nada tivesse ocorrido.

Em um segundo registro, Benjamin integra essa violência impossível, esse acontecimento impossível, no interior do teatro messiânico. O falso Messias e o pseudorrevolucionário Coré são, de acordo com o que lemos, engolidos vivos pela terra. Essa mesma terra já havia sido aberta para acolher o sangue de Abel, dissimular os rastros do crime de Caim e retardar seu julgamento.[291] Para que a violência cometida seja imputada ao Messias ou a Deus – esta seria a verdadeira consequência da sugestão de Benjamin –, é necessário que o próprio fato da violência simultânea apague e conserve (proteja, difira, guarde em reserva) o momento revolucionário e negativo da comunidade. O apagamento revolucionário de Coré e de seu bando exige, novamente, uma retificação da comunidade, mas segundo uma nova medida. Essa medida é somente possível às sombras de um mundo por vir, no qual o Messias soergue da terra toda a coletividade, incluindo os malvados e os rebeldes.[292] "Sim, todos são santos, e o Eterno está entre eles".

291 *Sinédrio*, 37b.

292 *Sinédrio*, 108 a.

CAPÍTULO IX

VITÓRIA

Supõe-se que as figuras do "Messias" e do "messianismo" conduzam à vitória. A palavra "vitória" sempre é suscetível de se mostrar prioritária, pois determina, em Benjamin, o caráter revolucionário do "Messias". Inversamente, o emprego da palavra "messianismo" implica que não se trata de uma "vitória" qualquer, senão antes da "derradeira" vitória, a vitória "final". Décadas após a tentativa e as hesitações de Benjamin, gostaria de concentrar-me no registro complexo e incerto do vencedor, da vitória e do vencido. O que significa "vencer"? Que tipo de conflito ou de oposição nos permite falar de vitória? Quem e o que se deve vencer, e de que forma? Quais são as consequências da vitória e qual deve ser o destino do vencido? Mas também: ainda hoje é possível falar de vitória (final)?

Todas essas questões pressupõem duas confusões que ainda hoje partilhamos com Benjamin, sua época e seu engajamento. 1) Um discurso argumentativo sobre a "vitória" deveria implicar a possibilidade de uma história monumental e imparcial das vitórias e dos vencedores. Alguns problemas surgiriam imediatamente: o sujeito ou historiador de uma tal história deve ser, ao mesmo tempo, um vencedor?; só os vencedores podem realmente escrever a história?;[293] pode o novo historiador que Benjamin anuncia explicitamente escrever uma nova história "em nome" dos vencidos?; esse historiador é, em última análise, também um revolucionário, enquanto a sua "utilização" da história seria, ao mesmo tempo, uma revolução e uma vitória? 2) Definir e constituir um registo ideal sobre o vencedor e a vitória (pode "vitória" ser um conceito?) paradoxalmente significa opor-se à cultura prevalecente e generalizada da vitória, da celebração dos vitoriosos e da sua sucessão interminável, bem como da negação e do esquecimento dos vencidos. O anúncio de uma vitória "verdadeira" ou "ideal", de uma "nova época histórica", exige de Benjamin uma resistência ao mito (grego) – uma resistência à saudação "Sieg Heil Viktoria", ao nazismo e às competições esportivas –, isto é, o fim do ciclo dos vencedores e vencidos. Em suma, a cessação total das vitórias provisórias e efêmeras.

Eis a famosa primeira tese de Benjamin "Sobre o conceito de história":

> Conhece-se a história do autômato capaz de responder, em uma partida de xadrez, a cada lance de seu adversário [*jeden Zug eines Schachspielers*] e de se certificar da vitória na partida [*den Gewinn der Partie sicherte*]. Um boneco em vestimentas turcas com um narguilé na boca está sentado diante de um tabuleiro que repousa sobre uma vasta mesa. Um sistema de espelhos cria a ilusão de que o olhar pode atravessar essa mesa de parte a parte. Em verdade, um anão corcunda, mestre da arte do xadrez, ali se tapou e dirige as mãos do boneco por meio de fios. Podemos pensar uma réplica desse aparelho em filosofia [*Zu dieser Apparatur kann man sich ein Gegenstück in der Philosophie vorstellen*]. O boneco, que chamaremos de "materialismo histórico", sempre vencerá [*Gewinnen sol*

293 "Os vencidos escrevem a história". Cf. a última entrevista de Carl Schmitt, datada de 09 de novembro de 1982. (SCHMITT, Carl. *Un giurista davanti a se stesso*. Vicenza: Neri Pozza, 2005, p. 182).

> *immer die Puppe, die man "historischen Materialismus" nennt*]. Se colocar a seu serviço a teologia [*in ihrem Dienst nimmt*] que hoje, sabemos, é pequena e feia, e não pode mais se mostrar [*sich ohnehin nicht darf blicken lassen*], ele pode desafiar tenazmente quem quer que seja.[294]

Tal alegoria não poderia formular a base de todo o projeto e a intenção por excelência do prodigioso dispositivo de Benjamin? Ademais, se decidíssemos ler Benjamin a partir dessa alegoria, e interpretássemos suas célebres teses como "teses sobre a vitória" ou como um "discurso sobre a vitória", poderíamos mostrar, assim, com mais facilidade os limites e os insucessos (a derrota) de seu engajamento? Por fim, a desconstrução da vitória nos aproxima (doravante), ainda que pouco, da própria vitória? Todas essas questões devem ser mensuradas diante de uma última questão que é, em realidade, essencialmente aquela de Benjamin: como se aproximar – da vitória, do Messias, da revolução?[295]

Essas três figuras provêm da primeira tese de Benjamin. Eu suporia que as duas últimas se distinguem da primeira: o "Messias" (o "messianismo") e a "revolução" são os mais importantes para a construção de seus textos, porquanto oferecem um potencial escatológico decisivo. A "vitória" pertence ao mesmo regime que as outras duas, mas é mais abstrata e, ao mesmo tempo, talvez devido à sua origem "profana", mais precisa e mais concreta, já que pressupõe sempre um outro ou vários outros que são vencidos. Por outro lado, assumirei desde o início que a "vitória" ou as figuras benjaminianas da vitória e dos vencedores são encontradas e transformadas no "Messias", ou

294 Para a interpretação deste texto, utilizo o livro de Michel Löwy e aquele de Benjamin editado por G. Bonola e M. Ranchetti. A tradução é de Löwy. Cf. LOWY, Michael. *Walter Benjamin*: avertissement d'incendie. Une lecture des theses "Sur le concept d'histoire". Paris: PUF, 2007, p. 28.

295 BENJAMIN, Walter. *Gesammelte Schriften II*: Aufsätze; Essays; Vorträge. Frankfurt am Main: Suhrkamp, 1977, t. 1.

seja, que elas substituem o messianismo de Benjamin. Assim, parece que as onze formas da palavra "vitória" que aparecem nas teses de Benjamin após a tese VII (ou após a primeira versão abandonada da tese XII) dissolvem-se completamente nas palavras "Messias" e "messianismo". Este desaparecimento da vitória e dos vencedores no Messias constitui a solução construtiva de Benjamin, uma vez que parece que a ideia de vitória lhe interessará e o afligirá até o fim de sua vida (ou pelo menos até a sua famosa carta a Horkheimer em março de 1937). Assim, a Tese VII (ou a Tese XII) é menos uma ruptura "epistemológica", ou mesmo uma prova de que Benjamin escreveu essas teses durante 25 anos com variadas mudanças de ênfase, e mais o momento, no texto, em que o anão corcunda começa a se autoexpor e se auto-tematizar. No entanto, isto não significa que a cena benjaminiana da Tese I tenha sido abandonada, mas sim que está apenas começando a se confirmar.

O anão da alegoria, o servidor secreto e invisível da filosofia ou do materialismo histórico, aquele que aporta a vitória (que "sempre" aporta a vitória) – Benjamin o chama de "teologia" – cumpre, finalmente, a velha tarefa que se propunha Benjamin e que Scholem anotava em seu diário em 24 de agosto de 1916: "Se algum dia eu possuir a minha filosofia, diz-me ele, ela será, de qualquer forma, uma filosofia do judaísmo".[296]

O judaísmo filosófico é, assim, estruturado prioritariamente como uma "teologia política".[297] Inversamente, para que a filoso-

---

296 "Wenn ich einmal meine Philosophie haben werde" – sagte er zu mir – "so wird es irgendwie eine Philosophie des Judentums sein". (SCHOLEM, G. *Tagebücher*: 1913-1917. Frankfurt am Main: Jüdischer Verlag, 1995, p. 391).

297 Parece-me que o livro de Schmitt sobre a teologia política ajuda Benjamin, no momento certo, a construir seu projeto sobre a "filosofia judaica" como teologia política. A leitura e o uso feitos por Benjamin de Schmitt são muito fecundos e aportam novos resultados na história da tradição política judaica (por exemplo, a Tese VIII). Apesar da impressão muito forte que Benjamin deixa em Schmitt, especialmente

fia possa ser judaica ou, ainda melhor, se a filosofia deve ser uma filosofia judaica, ela deve, segundo Benjamin, ser *de facto* centrada no materialismo histórico e na teologia. Só uma tal combinação (a grande inovação de Benjamin é que o judaísmo não se situa exclusivamente no lugar do anão, mas também no lugar dos bonecos; ou entre eles, no lugar da mão e das cordas) permite à filosofia opor-se a todas as coisas e sempre vencer. Ou melhor, a filosofia judaica como uma verdadeira teologia política de Benjamin (e não só a sua) é a única que se aproxima da vitória, da revolução ou do Messias.[298] Na distribuição benjaminiana de papéis (a revolução – o materialismo histórico; o Messias – a teologia), a primeira figura (a "vitória", ou seja, o vencedor, o jogador ou o boneco que ganha) poderia provavelmente pertencer ao registro da filosofia ou das "metáforas filosóficas". No entanto, esta "aproximação" garantida pela estrutura conceitual de Benjamin – vencer todas não significa vencer novamente a cada vez, mas "estar do lado da vitória" ou "ser a vitória" – destrói e torna impossível o registo de outras figuras neste pequeno teatro de xadrez revolucionário. Minha intenção não é, em absoluto, mostrar como este prodigioso dispositivo arruína a

---

seu livro sobre o barroco, não temos provas suficientes para elucidar a influência dos textos daquele sobre este. Penso, no caso, na afirmação totalmente infundada de G. Agamben sobre a influência sobre Schmitt do texto de Benjamin a respeito da violência. No arquivo Schmitt em Düsseldorf, há algumas pastas que confirmam o interesse particular de Schmitt por Benjamin, Scholem, Bloch, Marcuse, Lukacs, etc. O interesse por Benjamin nasce com a carta desse último a Schmitt: Schmitt leu várias vezes o livro de Benjamin (o livro encontra-se sublinhado em diversas partes e amplamente anotado nas margens; cf. RW 265-29012); Schmitt também mantém um recorte de jornal com um excerto do texto de Benjamin sobre Brecht datado de 06 de Julho de 1930 (RW 265-20323); ao lado do seu nome e do de Benjamin, provavelmente em 1972, Schmitt escreve "eine Konjunktion" (RW 265-19561). Cf. MEHRING, Reinhard. "'Geist ist das Vermögen, Diktatur auszuüben' Carl Schmitts Marginalien zu Walter Benjamin". *In*: WEIDNER, Daniel (Coord.). *Benjamin-Studien* II. München: Fink, 2011, pp. 239-256.

298 A "filosofia judaica", para ser o que ela é, *deve* poder se aproximar ou introduzir a vitória final (do Messias).

alegoria matizada de otimismo do filósofo (ou do historiador) e do vencedor, senão antes esboçar a hesitação manifestada por Benjamin quando se trata de pensar e exprimir a nova vitória que nos espera ou que, talvez, tenha já começado (assim como o Messias já esteja, talvez, entre nós). Tal dificuldade é, a toda evidência, igualmente inerente às duas outras figuras (revolução e messianismo) e orienta todo esforço atual que visa a suprimir uma forma qualquer de dominação. Assim, a escolha de Benjamin de fazer dessa instável combinação enxadrística uma alegoria é o sintoma de um problema muito mais profundo que impede qualquer grande mudança. Com efeito, Benjamin prevê: 1) que a filosofia está sempre "em oposição", mas jamais exclusivamente enquanto filosofia (enquanto "pura" filosofia); 2) que o boneco (a filosofia, o materialismo histórico + a teologia) possui uma *resposta* para cada lance; 3) que o outro é um jogador de xadrez (*Schachspieler*) – ainda que permaneça incerta a identidade do vencido –; 4) que se utiliza essa alegoria porque não se conhece o sujeito da vitória (o anão, o boneco, os fios, a mão – o filósofo, o teólogo, o historiador, o revolucionário, o Messias) nem o sujeito (o tema, o objeto) da derrota; 5) que a ilusão é, na realidade, uma enganação (o vencedor engana – ele não é o único –, e essa é a razão pela qual ele parece ganhar); 6) que não se sabe quais são os "frutos da vitória", se a vitória muda alguma coisa na distribuição das figuras sobre o palco e se a vitória intervém realmente; 7) enfim, que a cena imaginada por Benjamin não é uma combinação vencedora, porque o filósofo (o historiador materialista) e seu anão não venceram nem tampouco fizeram a revolução ao longo de todas estas últimas décadas. "Hoje" continua não sendo (ou ainda não é) o hoje "messiânico".

A tentativa de Benjamin de empreender (ou conservar) a constituição da "vitória" enquanto tal (a vitória total e derradeira) na Tese I é precedida por uma longa e complexa história revolucionária da qual ele é testemunha. Sua ênfase, parece-me, é dupla. 1) Por um lado, ele insiste em conservar a afirmação original de Marx (de Plekhanov, de Lênin, de Trotsky, etc.), segundo a qual a vitória final e necessária do proletariado coincide com a queda (*Untergang*) da burguesia ("a burguesia produz os seus próprios coveiros [*Bourgesoisie produziert vor allem ihren eigenen Totengräber*]"), a fim de contrastá-la com as infindáveis discussões e fantasias dos revisionistas e dos socialdemocratas sobre as características desta vitória (a vitória da democracia precede a do proletariado? A vitória é realmente uma catástrofe? etc.). Benjamin segue o caminho da vitória indicado por Marx e leva a sério as interpretações posteriores da posição marxiana, procurando resolver uma ambiguidade nele presente segundo a qual os dominadores vencem *de facto* a si próprios, cavam as suas próprias sepulturas e, portanto, já foram vencidos. 2) Por outro lado, Benjamin insiste para que este mesmo Marx do *Manifesto* – bem como o marxismo revolucionário como um todo – eleve-se ao novo princípio específico descoberto na *Crítica da Violência*, isto é, a vitória ou o vencedor pertencem ao mito (à violência mítica) e criam um novo direito que é mantido pela violência do vencedor (violência policial) (isto não indica a crítica e as reservas de Benjamin quanto à "ditadura do proletariado"?). Em alguns textos, Benjamin opõe-se sistematicamente à violência "vitoriosa" (*siegreiche Gewalt*). Há uma passagem que mostra claramente a natureza limitada da lógica da vitória e da derrota, dos vencidos e dos vitoriosos, e anuncia uma "política de meios puros".[299] Revela-se

---

299 "(...) o medo dos inconvenientes comuns é aquilo que uma explicação violenta, qualquer que seja a sua forma, corre o risco de causar. No que diz respeito aos conflitos de interesses entre pessoas privadas, existem circunstâncias inumeráveis nas quais tais desvantagens saltam aos olhos. A situação é diferente quando se trata de uma guerra de classes ou de nações, pois, neste caso, as estruturas demasiado ordenadas que ameaçam esmagar o vencedor junto com o vencido escapam ao sentimento da maioria e não são claramente conhecidas por quase ninguém. Iríamos excessivamente longe se, aqui, buscássemos investigar o que podem ser essas estruturas sobreordenadas, bem como os interesses comuns que a elas correspondem e que proporcionam suas mais constantes motivações para uma política de meios puros". (BENJAMIN, Walter. "Prolégomènes à une critique de la violence". *In*: ______. *Œuvres Choisies*. Trad. M. de Gandillac. Paris: Julliard, 1959, p. 33).

o significado da famosa última frase de *Crítica da violência* sobre a "violência divina": violência soberana (*waltende*), insígnia e selo (*Insignium und Siegel*), paradigma do novo vencedor (*Sieger*):

> A lei que preside ao seu desmantelamento baseia-se no fato de que toda violência conservadora do direito provoca, a longo prazo, sob a pressão das violências contrárias (*feindlichen Gegengewalten*), o enfraquecimento indireto da violência constitutiva do direito que nela se perpetua (no decurso do nosso estudo, indicamos alguns sintomas desse fenômeno). O processo perdura até o momento em que as violências, sejam elas novas ou anteriormente reprimidas, prevalecem sobre aquela que, até agora, constituía o direito, e, assim, fundam um novo direito, ele próprio destinado a um novo declínio [*die bisher rechtsetzende Gewalt siegen und damit ein neues Recht zu neuem Verfall begründen*]. Rompendo com o círculo mágico [*Durchbrechung dieses Umlaufs*] das estruturas jurídicas de caráter mítico, liberando todas as violências desse direito ao qual elas fazem remissão (da mesma forma que ele se remete a elas), fundaremos uma nova época histórica [*ein neues geschichtliches Zeitalter*]. Se é verdade que o reino do mito já se encontra hoje, aqui e acolá, combatido com sucesso, estes novos tempos não estão tão distantes, a ponto de uma crítica do direito restar sem consequências. Mas se a violência, sob sua forma pura e de maneira imediata, pode gozar de um estatuto durável, aquém mesmo do direito, far-se-á prova então de que uma violência revolucionária é possível.[300]

A "vitória" com que Benjamin abre a sua tese sobre o conceito de história está, de fato, do lado do direito, do lado das vitórias e derrotas que conhecemos até hoje, e não parece que seja ou venha a

---

Neste fragmento, a reserva de Benjamin em relação a qualquer forma de catástrofe está definitivamente presente.

300 BENJAMIN, Walter. "Prolégomènes à une critique de la violence". *In*: ______. *Œuvres Choisies*. Trad. M. de Gandillac. Paris: Julliard, 1959, p. 45.

ser "catastrófica". Benjamin mostra que ele encontrou uma violência (simultaneamente divina, revolucionária e pura) que, supostamente, caracteriza tal vitória. Neste sentido, com todos os problemas e dilemas que Benjamin levanta ao tentar definir uma violência pura que aniquila, sem derramamento de sangue, as suas teses "Sobre o conceito de História" podem, naturalmente, serem lidas como um prolongamento do texto sobre a violência. Ao determinar "o que é a vitória", "quem deve ganhar e como", "quem é o vencido", ele pretende, entre outras coisas, aperfeiçoar precisamente a sua descrição da violência divina ou revolucionária. O dilema de Benjamin (e, ao mesmo tempo, o seu drama) manifesta-se na sua troca epistolar com Max Horkheimer por ocasião do texto sobre Fuchs. Eis um extrato da sua resposta a Horkheimer datada de 28 de março de 1937:

> Sempre foi uma questão importante para mim a de saber como deve ser compreendida a notável figura linguística [*Sprachfigur*]: *perder* uma guerra, um processo [*einen Krieg, einen Prozess verlieren*]. A guerra e o processo não são de forma alguma um ataque [*Einsatz*], mas o ato da decisão a seu respeito [*der Akt der Entscheidung über denselben*]. Finalmente, dispus assim [*zurechtgelegt*]: para aquele que perde uma guerra, um processo, sua *práxis* [*seiner Praxis*] é verdadeiramente cumprida [*abgeschlossen*] e, ao mesmo tempo, *perdida* [*verloren*] nesta confrontação [*Auseinandersetzung*]; para o parceiro [*Partner*] que venceu, esse não é o caso. Os frutos de uma vitória são dados de uma maneira completamente diferentes dos efeitos da derrota. Isso nos conduz ao oposto da frase de Ibsen: "A felicidade nasce da perda,/ Só é eterno aquilo que se perdeu [*Glück wird aus Verlust geboren, / Ewig ist nur, was verloren*]".[301]

---

301 BENJAMIN, Walter. "Benjamin an Horkheimer. Paris, 28.3.1937". *In*: ______. *Gesammelte Schriften II*: Aufsätze; Essays; Vorträge. Frankfurt am Main: Suhrkamp, 1977, pp. 1338-1340, t. 1. Cf. BENJAMIN, Walter. *Das Passagen-Werk*: Gesammelte Schriften V. Frankfurt am Main: Suhrkamp, 1982, p. 1338. O IV ato de *Brand* de Henrik Ibsen termina assim: "Brand apertas as mãos contra o peito – Alma, seja fiel

Esta resposta à carta de Horkheimer de 16 de março de 1937 encontra-se em um registro que não tem qualquer relação com aquele comentário de Benjamin sobre esta carta nas *Passagens* (*N* 8, 1), no qual a teologia e a rememoração (*Eingedenken*) se opõem à compreensão da história como ciência. Além disso, esta carta mostra os constantes desassossego e inquietude de Benjamin quando se trata de pensar a vitória e a derrota. O que significa dizer que a derrota interrompe toda atividade, toda *práxis* do vencido? Quem é (o) vencido nesse contexto? Que tipo de melancolia ou de desconfiança oprime Benjamin para que ele leve a sério a frase romântica de Ibsen (Benjamin interroga em detalhes a "felicidade" no *Fragmento Teológico-Político*)? Todas estas questões e indecisões são claramente transcritas nas outras "teses" de Benjamin, nomeadamente aquela obscuridade profunda que está na raiz do tema da revolução ou do novo escritor da história: como pode aquele que sempre foi vencido ainda considerar a interrupção da história de derrotas?

É precisamente ao nível desta passagem entre o "vencido" e o "vencedor", passagem bastante incerta que inquieta Benjamin, que devemos começar a meticulosa reconstrução da autossabotagem que se estende da Tese II à Tese VII. Eu gostaria de insistir desde já na reformulação da Tese XII (talvez a história da escrita e da supressão dessa tese bastaria para explicar todas as dificuldades de Benjamin): ela é a chave não só de todo conformismo futuro e de toda "hipocrítica" da ideia revolucionária (da esquerda), mas também o lugar onde se decide provavelmente o destino de todo esforço consequente por vir.

Antes da desconstrução final da Tese XII, Benjamin demonstra três pontos no nível dos quais vacila a construção de sua teoria da vitória derradeira.

---

até o fim! A vitória das vitórias é perder *tudo*. Perder *tudo* que ganhastes... só se ganha para sempre aquilo que se perde!"

1) Na Tese VII, ele se dirige ao novo historiador (materialista) insistindo – este é o final da Tese – sobre o fato de que sua tarefa é a de colocar a tradição à distância, de avançar a contrapelos da história a fim de escapar de todos os perigos que o ameaçam. Ao contrário, o historiador que pertence à escola do historicismo, o historiador tradicional, se entrega à empatia por ocasião do estudo da história:

> pergunta-se a quem a historiografia historicista estende propriamente sua empatia [*einfühlt*]. A resposta é inescapável: ao vencedor (*Sieger*). Ora, quem quer que domine será sempre herdeiro de todos os vitoriosos. Sentir empatia com o vencedor [*Die Einfühlung in den Sieger*] beneficia sempre, portanto, aqueles que dominam.[302]

De acordo com Benjamin, para que o historiador materialista vença, é crucial que ele não se pareça com os vencedores passados, mas sim com os vencidos passados. Ou, talvez, que ele dê as costas completamente à história. Benjamin (o escritor, o filósofo, o historiador, o enxadrista, o Turco, o anão, o corcunda) tenta encontrar uma fórmula ou um estilo (ele por vezes dá prioridade ao historiador materialista em detrimento das outras figuras) que tornaria possível a vitória (a revolução, o Messias), isto é, a violência pura. As suas teses, como "teoria" e como programa do historiador revolucionário, devem revelar um potencial de pensamento ainda secreto (uma reserva) que é a condição para a mudança. Contudo, a intervenção do historiador materialista não precede a revolução (o Messias, a vitória): pelo contrário, são dois processos estritamente simultâneos. Em Benjamin, este hegelianismo pervertido e este marxismo *blasé* (ele se encontra em vigor ainda hoje, impregnado e marcado de psicanálise e Lacan) aquece permanentemente a esperança de que

302 Estou citando a tradução de Löwy de "Sobre o conceito de história". Cf. LÖWY, Michael. *Walter Benjamin*: avertissement d'incendie. Une lecture des thèses "Sur le concept d'histoire". Paris: PUF, 2007, p. 30.

haja algum elemento emancipatório na história (ou na oposição a ela) e de que as chaves da vitória estejam sempre "na" história. Tudo pertence "à" história: a revolução ou as revoluções já aconteceram, a "força messiânica fraca" da Tese II vem do passado assim como o "potencial" da vitória. É por isso que Benjamin dá prioridade ao historiador e escreve estas teses "Sobre o conceito da história". No início de um longo fragmento (*Ms* 447 e *Ms* 1094) – sua Tese VII apresenta a versão preparatória do fim deste fragmento (relembro que o meu interesse está na forma como Benjamin constrói suas teses e seus resíduos, embora as teses sejam frequentemente os resíduos de fragmentos muito mais importantes) –, Benjamin é muito explícito:

> Uma apresentação da história liberada do esquema do progresso em um tempo vazio e homogêneo [*Schema der Progression in einer leeren und homogenen Zeit*] colocará finalmente em jogo [*ins Feld führen*] as energias destrutivas do materialismo histórico que, por muito tempo, ficaram paralisadas [*lahmgelegt*].[303]

Os três momentos destrutivos mencionados na nota que precede este fragmento (*Ms.* 446), desencadeadores de energias destrutivas, são três gestos do verdadeiro historiador materialista contra o historicismo: i) a destruição da história universal (*Abbau der Universalgeschichte*) (esta é uma pequena correção a Marx); ii) a eliminação do elemento épico (*Ausschaltung des epischen Elements*) (a ilusão de que a história pode ser contada: ora, a história não é uma narrativa, mas sim uma teoria); iii) e a oposição definitiva ao terceiro e mais poderoso bastião do historicismo, o mais difícil de atacar (*stärkste und schwerst zu berennende*): a empatia para com o vencedor (*die Enifühlung in den Sieger*).[304] A decisão de Benjamin

---

303 Cf. BENJAMIN, Walter. *Gesammelte Schriften III*: Abhandlungen. Frankfurt am Main: Suhrkamp, 1974, p. 1240, t. 3.

304 BENJAMIN, Walter. *Gesammelte Schriften III*: Abhandlungen. Frankfurt am Main: Suhrkamp, 1974, p. 1241, t. 3.

de tratar exclusivamente na Tese VII deste terceiro momento e de negligenciar completamente o contexto e o potencial destrutivo do novo vencedor mais uma vez introduz fraqueza e abulia na cena. O vencedor imaginário fica bloqueado perante os vencedores e os vencidos presentes e passados, pois Benjamin hesita em recomendar-lhe aquilo que o fascina em Marx: o ódio e o desprezo, assim como o gosto pela luta (*Kampflust*).[305]

2) A força do desprezo (ou do ódio) é enfraquecida pelas incessantes mudanças terminológicas de Benjamin quanto ao objeto da luta (o jogador de xadrez, o parceiro, o adversário, o capitalista/o capitalismo, o fascista/o fascismo) e pela exageração da força do vencedor. A Tese VI aprofunda e desenvolve esses dois elementos:

> O Messias não vem apenas como redentor [*Erlöser*]; ele também vem como vencedor [Überwinder] do Anti-Cristo. O dom de acender a centelha da esperança recai apenas sobre o historiógrafo que está perfeitamente convencido de que, caso o inimigo [*Feind*] vença, nem sequer os mortos estarão seguros. E esse inimigo tem vencido sem cessar [*und dieser Feind hat zu siegen nicht aufgehört*].[306]

As duas últimas frases desta tese são paradigmáticas. Tão logo ele introduza o historiador genial capaz de encontrar no passado esta "energia destrutiva", Benjamin sabota seu próprio otimismo (Tese I), afirmando que o inimigo ainda tem futuro, porque está a vencer.

---

305 BENJAMIN, Walter. *Gesammelte Schriften III*: Abhandlungen. Frankfurt am Main: Suhrkamp, 1974: "Stärke des Hasses bei Marx. Kampflust der Arbeiterklasse. Die revolutionäre Zerstörung mit dem Erlösungsgedanken zu verschränken (Netschajev. Die Dämonen)".

306 Estou citando a tradução de Löwy de "Sobre o conceito de história". Cf. LÖWY, Michael. *Walter Benjamin*: avertissement d'incendie. Une lecture des thèses "Sur le concept d'histoire". Paris: PUF, 2007, p. 26.

3) É interessante notar que Benjamin jamais imagina a vitória final como a vitória de todos aqueles que vieram antes (os vencidos, os vencedores, os mortos) e de todos os contemporâneos. Tanto o messianismo quanto a revolução pressupõem a interrupção da inimizade e o fim da história. Em vez desta opção, que corrigiria Marx de maneira decisiva e reconciliaria o historiador, o materialista e o teólogo, Benjamin falsifica o "materialismo" e a "espiritualidade" do novo vencedor, que ele faz agonizar romanticamente. A reflexão imaginária sobre as características da vitória e do futuro vencedor é finalmente esclarecida na Tese XII, na qual Benjamin deseja reconciliar, por meio de um inteligente processo combinatório, o ódio marxista, os vencidos do passado e o futuro:

> O sujeito do saber histórico é a classe batalhadora, a classe oprimida. Em Marx, ela se apresenta como a derradeira classe subjugada, a classe vingadora que, em nome das gerações vencidas, leva a termo a obra da libertação [*im Namen von Generationen Geschlagener zu Ende führt*].[307]

Benjamin afirma, noutra parte, que a socialdemocracia traiu Marx, da mesma forma que retiramos da classe trabalhadora, transformando-a em simples libertadora das gerações futuras, sua melhor força (*beste Kraft*). Em todo caso, o problema não é apenas o fato de Benjamin ter encurtado as primeiras versões desta tese. Nas "versões abandonadas", que ainda são difíceis de reconstruir com precisão, Benjamin propõe uma distinção relativamente assimétrica entre os modelos "bolchevique" e "alemão". Trata-se da origem da causa revolucionária ou da inspiração vitoriosa. Armados do "ódio" marxiano (vingança, sacrifício), os bolcheviques identificam-se com as gerações anteriores dos derrotados. Benjamin diz que o lema heroico do bolchevismo "Nenhuma glória para o vencedor, nenhuma

307 LÖWY, Michael. *Walter Benjamin*: avertissement d'incendie. Une lecture des thèses "Sur le concept d'histoire". Paris: PUF, 2007, pp. 91/92.

pena para os vencidos [*Kein Ruhm dem Sieger, kein Mitleid den Besiegten*]") ilustra perfeitamente a "solidariedade com os irmãos mortos [*Solidarität mit den toten Brüdern*]".[308] O modelo "alemão" (o modelo "solidário com os descendentes" [*mit den nachgebornen*]), que Benjamin usa para a crítica da socialdemocracia, está bem descrito numa carta de Hölderlin ao seu irmão em setembro de 1793: "Amo as gerações dos séculos vindouros [*Ich liebe das Geschlecht der kommenden Jahrhunderte*]". Nesta carta, Hölderlin insiste que o que lhe dá forças é a esperança de que os nossos descendentes sejam melhores do que nós e vivam numa época melhor que a nossa. Vivemos em uma época que se dirige para dias melhores e iminentes.

Deixando de lado esta diferença quanto à fonte de inspiração para a luta e a vitória (salientemos que esta diferença já não é de todo atual,[309] o que torna mais difícil a tarefa indispensável de um renovado pensamento da vitória), resta, apenas, o diagnóstico de Benjamin sobre o sujeito da revolução que outrora possuía o poder e tinha a seu dispor a violência necessária à vitória. Tudo o que resta é o arrependimento das potencialidades dos bons velhos tempos. Suspirar, contudo, não é o apanágio do historiador materialista, nem, tampouco, do último vencedor.

---

308 BENJAMIN, Walter. *Gesammelte Schriften III*: Abhandlungen. Frankfurt am Main: Suhrkamp, 1974, p. 1237, t. 3. Em certas versões, esse lema bolchevique se traduz assim em alemão: "*Keine Beute dem Sieger, kein Mitleid den Besiegten*".

309 Já em 1964 Marcuse manifestava reservas quanto a essa diferença. Cf. BENJAMIN, Walter. *Zur Kritik der Gewalt und andere Aufsätze*. Frankfurt am Main: Suhrkamp, 1965, pp. 100-102.

REFERÊNCIAS BIBLIOGRÁFICAS

ANGLET, Kurt. *Kurt Anglet Messianität und Geschichte*. Berlim: Akademie Verlag, 1995.

BAADER, Franz von. *Gesammelte Schriften*. Leipzig: Bethmann, 1859.

BARBIERO, Gianni. *L'asino del nemico*. Rinuncia alla vendetta e amore del nemico. Roma: EPIB, 1991.

BAUMGARDT, David. *Das Möglichkeitsproblem der Kritik der reinem Vernunft, der modernen Phänomenologie und der Gegenstandstheorie*. Berlim: Reuther und Reichard, 1920.

BENJAMIN, Walter. "Prolégomènes à une critique de la violence". *In*: _____. *Œuvres Choisies*. Trad. M. de Gandillac. Paris: Julliard, 1959.

_____. "Zur Kritik der Gewalt". *In*: _____. *Gesammelte Schriften* II. Frankfurt am Main: Suhrkamp, 1991.

_____. *Briefe I*. Frankfurt am Main: Suhrkamp, 1978.

_____. *Gesammelte Schriften*. Frankfurt am Main: Suhrkamp, [s.d.].

_____. *Zur Kritik der Gewalt und andere Aufsätze*. Frankfurt am Main: Suhrkamp, 1965.

_____. "Benjamin an Horkheimer. Paris, 28.3.1937". *In*: _____. *Gesammelte Schriften II*: Aufsätze; Essays; Vorträge. Frankfurt am Main: Suhrkamp, 1977.

_____. "Die Aufgabe des Übersetzers". *In*: _____. *Gesammelte Schriften* IV.I. Frankfurt am Main: Suhrkamp, 1972.

_____. "Prolégomènes à une critique de la violence". *In*: _____. *Œuvres Choisies*. Trad. M. de Gandillac. Paris: Julliard, 1959.

_____. *Das Passagen-Werk*: Gesammelte Schriften V. Frankfurt am Main: Suhrkamp, 1982.

_____. *Gesammelte Schriften II*: Aufsätze; Essays; Vorträge. Frankfurt am Main: Suhrkamp, 1977.

_____. *Gesammelte Schriften III*: Abhandlungen. Frankfurt am Main: Suhrkamp, 1974.

_____. *Zur Kritik der Gewalt und andere Aufsätze*. Frankfurt am Main: Suhrkamp, 1965.

BENSUSSAN, Gerard. *Messianisme, messianicité, messianique*. Pour quoi faire, pour quoi penser?: une histoire de l'avenir. Paris: Vrin, 2004.

BERLIN, Adele; BRETTLER, Marc Zvi (Coord.). *The Jewish Study Bible*. Oxford: Oxford University Press, 1999.

BLEICH, D. *Contemporary halakhic problems*. Jersey City: KTAV, 1977.

BLEICH, J. D. "Preemptive War in Jewish Law". *Tradition*, vol. 21, nº 1, 1983.

BLOCH, E. *Gesamtausgabe XIV*. Frankfurt am Main: Suhrkamp, 1959-1978.

BODOFF, Lippman. "Was Yehudah Halevi Racist?" *Judaism*, vol. 38, nº 4, 1989.

BRODMANN, Erich. *Recht und Gewalt*. Berlim: De Gruyter, 1921.

BUBER, Martin. *Briefwechsel aus Sieben Jahrzehnten*: 1918-1938. Heildelberg: Verlag Schneider, 1973.

_____. *Die fünf Bücher der Weisung*. Gerlingen: Deutsche Bibelgesellschaft, 1976.

_____. *Werke II*. Schriften zur Bibel. München: Kösel Verlag, 1964.

CAMPOS, Haroldo de. *O arco-íris branco*. Rio de Janeiro: Imago, 1997.

CHALIER, Catherine. *De l'intranquillité de l'âme*. Paris: Payot, 1999.

COHEN, Hemann. "Die Nächstenliebe im Talmude". *In*: _____. *Jüdische Schriften*. Berlim: C. A. Schwetschke u. Sohn, 1924.

CREPON, Marc; LAUNAY, Marc. "Introdução". *In*: ROSENZWEIG, Franz. *Confluences*: politique, histoire, judaïsme. Paris: Vrin, 2003.

DERRIDA, Jacques *et al*. *Le "concept" du 11 septembre*: dialogues à New York avec G. Borradori. Paris: Galilée, 2004.

DERRIDA, Jacques. "Des tours de Babel". *In*: ______. *Psyché*: inventions de l'autre. Paris: Galilée, 1998.

______. "Foi et Savoir". *In*: DERRIDA, Jacques; VATIMO, Gianni (Coord.). *La Religion: Séminaire de Capri*. Paris: Seuil, 1996.

______. "Violence et métaphysique. Essai sur la pensée d'Emmanuel Lévinas". *In*: ______. *L'écriture et la différence*. Paris: Seuil, 1967.

______. *Adieu, à Emmanuel Lévinas*. Paris: Galilée, 1997.

______. *Apprendre à vivre enfin*. Paris: Galilée, 2005.

______. *Foi et savoir*. Paris: Seuil, 2000.

______. *Force de loi*. Paris: Galilée, 1994.

______. *Glas*. Paris: Galilée, 1974.

______. *L'animal que donc je suis*. Paris: Galilée, 2006.

______. *L'écriture et la différence*. Paris: Seuil, 1967.

______. *Politiques de l'amitié*. Paris: Galilée, 1994.

______. *Spectres de Marx*. Paris: Galilée, 1993.

______. *Voyous*. Paris: Galilée, 2003.

EUGEN ROSENSTOCK-HUEASSY FUND. *The "Gritli" Letters*. West Haven, 2022. Disponível em: https://www.erhfund.org/gritli-not-chosen. Acessado em: 28.11.2023.

FICHTE, Johann Gottlieb. "Zwei Predigten aus dem Jahre 1791. 1. Über die Pflichten gegen Feinde". *In*: ______. *Fichtes Werke VIII*. Berlim: De Gruyter, 1971.

______. *Grundlage des Naturrechts*, Sämmtliche Werke III. Berlim: Veit, 1971.

FIGAL, Günther. "Die Ethik Walter Benjamins als Philosophie der reinen Mittel". *In*: FIGAL, Günther; FOLKERS, Horst (Coord.). *Zur Theorie der Gewalt und Gewaltlosigkeit bei Walter Benjamin*. Heidelberg: Texte und Materialien der FEST, 1979.

______. "Recht und Moral als Handlungsspielräume". *Zeitschrift für Philosophische Forschung*, nº 36, 1982.

FIRESTONE, Reuven. "Holy War in Modern Judaism? 'Mitzvah War' and the Problem of the 'Three Vows'". *Journal of the American Academy of Religion*, vol. 74, nº 4, 2006.

GALLI, B. *Franz Rosenzweig and Jehuda Halevi*: Translating, Translations, and Translators. McGill Univ. Press: Montreal, 1995.

GLATZER, Nahum N. *Essays in Jewish Thought*. Tuscaloosa: University of Alabama Press, 1978.

GOLDBERG, Oskar. *Die Wirklichkeit der Hebräer*: Einleitung in das System des Pentateuch. Berlim: Verlag David, 1925.

HABERMAS, Jürgen. *Der gespaltene Westen*. Frankfurt am Main: Suhrkamp, 2004.

HALEVI, Jehuda. *Fünfundneunzig Hymnen und Gedichte*, Gesammelte Schriften IV. Boston: Martinus Nijhoff Publishers, 1983.

______. *Zweiundneunzig Hymnen und Gedichte, deutsch, mit einem Nachwort und mit Anmerkungen,* Zweite Ausgabe. Berlim: Lambert Schneider Verlag, 1927.

HAND, Seán (Coord.). *The Levinas Reader*. Londres: Basil Blackwell, 1989.

HEGEL, Georg Wilhelm Friedrich. *Die "Rechtsphilosophie" von 1820, mit Hegels Vorlesungsnotizen. 1821-1825*. Stuttgart: Frommann-Holzboog, 1974.

______. "Über die wissenschaftlichen Behandlungsarten des Naturrechts". *In*: LASSON, Georg (Coord.). *Schriften zur Politik und Rechtsphilosophie*. Leipzig: Felix Meiner Verlag, 1923.

______. "Vorlesungen über die Philosophie des Rechts". *In*: ______. *Vorlesungen*. Tomo 14. Hamburg: Felix Meiner Verlag, 2000.

______. "Wintersemester 1821/1822. Nachschrift - Boris von Uexküll - mit Varianten aus zwei anonymen Nachschriften". *In*: ______. *Vorlesungen über die Philosophie der Natur I Nachschriften zu den Kollegien der Jahre 1819/20, 1821/22 und 1823/24*. Hamburg: Felix Meiner, 2012.

______. *Briefe von und an Hegel*. Band I: 1785-1812. Hamburg: Felix Meiner, 1952.

______. *Die Wissenschaft der Logik*, Werke 6. Frankfurt am Main: Suhrkamp, 1971.

______. *Enzyklopädie der philosophischen Wissenschaften II*, Werke 9. Frankfur am Main: Suhrkamp, 1974.

______. *Grundlinien der Philosophie des Rechts*, Werke 7. Frankfurt am Main: Suhrkamp, 1986.

______. *Grundlinien der Philosophie des Rechts*. Frankfurt am Main: Suhrkamp, 1970.

______. *Jenaer Schriften, 1801-1807*. Hamburg: Felix Meiner, 1970.

______. *Jenenser Realphilosophie 2*. Leipzig: Felix Meiner Verlag, 1931.

______. *Jenenser Realphilosophie*, t. 1. Leipzig: Felix Meiner Verlag, 1931.

______. *Jenenser Realphilosophie*. Leipzig: Felix Meiner Verlag, 1931.

______. *Naturphilosophie, Berlin 1819/20*. Nápoles: Bibliopolis, 1980.

______. *Phänomenologie des Geistes*, Werke 3. Frankfurt am Main: Suhrkamp, 1976.

______. *System der Philosophie*, Dritter Teil. Philosophie des Geistes. Stuttgart: Friedrich Frommann Verlag, 1964.

______. *System der Philosophie*, Erster Teil. Die Logik. Stuttgart: Friedrich Frommann Verlag, 1964.

______. *System der Philosophie, Sämtliche* Werke, t. 9, Zweite Teil, Naturphilosophie, mit einer Vorwort von K. L. Michelet. Stuttgart: Frommann, 1965.

______. *Vorlesungen über Naturrecht und Staatwissenschaft*: Heidelberg 1817/18. Hamburg: Felix Meiner Verlag, 1983.

______. *Vorlesungen über Rechtsphilosophie* 1818-1831. Stuttgart: Frommann-Holzboog, 1974.

HIRSCH, S. R. *Der Pentateuch*. 5. Deuteronomium. Frankfurt am Main: V. J. Kaufmann, 1878.

______. *Der Pentateuch*. Frankfurt am Main: J. Kauffmann, 1873.

HOFFMESTER, Johannes (Coord.). *Dokumente zu Hegels Entwicklung*. Stuttgart: Frommann-Holzboog, 1974.

HUSSERL, Edmund. *Briefwechsel*: die Freiburger Schüler. Londres: Kluwer, 1994.

______. *Méditation Cartésiennes*: introduction à la phénoménologie. Paris: Vrin, [1931] 1992.

JÜNGER, Ernst. *Der Friede*: SW, vol. 7. Stuttgart: Cotta, 1980.

KANT, Immanuel. "Die Religion innerhalb der Grenzen der bloßen Vernunft". *In*: ______. *Kants gesammelte Schriften*. Berlim: De Gruyter, 1969.

______. "Kants Naturrecht gelesen im Winterhalber Jahre 1784 (Jus naturale belli, De modis jus suum persequendi)". *In*: ______. *Kants gesammelte Schriften XVIII*. 4. Abteilung. Vorlesungen. 4. Band: Vorlesungen über Moralphilosophie, 2/2. Berlim: Walter de Gruyter, 1979.

______. *Kants gesammelte Schriften XVIII*. 4. Abteilung. Vorlesungen. 4. Band: Vorlesungen über Moralphilosophie, 2/1. Berlim: Walter de Gruyter, 1975.

______. *Kants gesammelte Schriften XVIII*. 4. Abteilung. Vorlesungen. 4. Band: Vorlesungen über Moralphilosophie, 2/2. Berlim: Walter de Gruyter, 1979.

______. *Kants gesammelte Schriften XXVII*. Vorlesungen. 4. Band: Vorlesungen über Moralphilosophie, 1/1. Berlim: Walter de Gruyter, 1974.

KELSEN, Hans. *General theory of Law and State*. Nova York: Russel and Russel, 1945.

______. *Law and Peace in international relations*. Cambridge: Harvard University Press, 1942.

______. *Peace through Law*. Chapel Hill: Un. Press of North Carolina, 1944.

______. *Principles of International Law*. Nova York: Rinehart and Co., 1952.

KIMELMAN, Reuven. "Non-Violence in the Talmude". *Judaism*, vol. 17, nº 3, 1968.

LEVEY, G. B. "Judaism and the Obligation to Die for the State". *AJS Review*, vol. 12, nº 2, 1987.

LEVINAS, Emmanuel *et al.* "Israël: éthique et politique". *Les Nouveaux Cahiers*, vol. 18, nº 71, 1983.

______. "L'ontologie est-elle fondamentale (1951)". *In*: ______. *Entre nous*. Paris: Grasset & Fasquelle, 1991.

______. "La conscience non intentionelle". *In*: ______. *Entre nous*. Paris: Grasset & Fasquelle, 1991.

______. "Le moi et la totalité". *Revue de Métaphysique et de Morale*, nº 4, 1954.

______. "Philosophie, justice et amour". *In*: ______. *Entre nous*. Paris: Grasset & Fasquelle, 1991.

______. "Textes messianiques". *In*: ______. *Difficile liberté*: essais sur le judaïsme. Paris: Albin Michel, 1963.

______. "Transcendance et hauteur". *In*: ______. *Liberté et commandement*. Paris: Fata Morgana, 1994.

______. "Violence du visage". *In*: ______. *Altérité et transcendance*. Saint-Clément-la-Rivière: Fata Morgana, 1995.

______. *Altérité et transcendance*. Paris: Fata Morgana, 1995.

______. *Autrement qu'être ou au-delà de l'essence*. Martinus Nijhoff: La Haye, 1978.

______. *De Dieu qui vient à l'idée*. Paris: Vrin, 1982.

______. *Dieu, la mort et le temps*. Paris: Bernard Grasset, 1993.

______. *Dieu, la Mort et le Temps*. Paris: Grasset, [1976] 1993.

______. *Difficile liberté*: essais sur le judaïsme. Paris: Albin Michel, 1963.

______. *En découvrant l'existence avec Husserl et Heidegger*. Paris: Vrin, 2001.

______. *Entre nous*: essais sur le penser-à-l'autre. Paris: Grasset, 1991.

______. *Liberté et commandement*. Paris: Fata Morgana, 1994.

______. *Nouvelles lectures Talmudeiques*. Paris: Minuit, 1996.

______. *Totalité et infini*: essai sur l'extériorité. Paris: Kluwer Academic, 1961.

______. *Hors sujet*. Paris: Fata Morgana, 1987.

LEVINAS, Emmanuel; WOLZOGEN, C. "Intention, Ereignis und der Andere. Gespräch zwischen E. L. und C. von W.". *In*: LEVINAS, Emmanuel. *Der Humanismus des anderen Menschen*. Hamburg: Felix Meiner, 1989.

LÖWENTHAL, Leo. *Philosophischen Frühschriften*. Frankfurt am Main: Suhrkamp, 1990.

LÖWY, Michael. "O messianismo heterodoxo na obra de juventude de Gershom Scholem". *In*: ATTIAS, J.C. *et al*. (Coord.). *Messianismes*: variations sur une figure juive. Genebra: Labor et Fides, 2000.

______. *Walter Benjamin*: avertissement d'incendie, une lecture des thèses "Sur le concept d'histoire". Paris: PUF, 2007.

MARION, Jean-Luc. *Étant donné*: essai d'une phénoménologie de la donation. Paris: PUF, 1997.

MEHRING, Reinhard. "'Geist ist das Vermögen, Diktatur auszuüben' Carl Schmitts Marginalien zu Walter Benjamin". *In*: WEIDNER, Daniel (Coord.). *Benjamin-Studien* II. München: Fink, 2011.

MEINECKE, Friedrich. *Politische Schriften und Reden*, Werke, t. 2. Darmstadt: Siegfried Töche-Mittler Verlag, 1958.

_____. *Weltbürgertum und Nationalstaat 5*. München: R. Oldenbourg, 1962.

MENDES-FLOHR, Paul. *Divided Passions*: Jewish Intellectuals and the Experience of Modernity. Detroit: Wayne State University Press, 1991.

MILGROM, Jacob. "Reflections on the Biblical ger-". *In*: _____. *The Anchor Bible Commentary Series*. New Haven: Yale U. P., 2000.

_____. *The JPS Torah Commentary Numbers* (Bamidbar). Philadelphia: Jewish Publication Society, 1990.

PEJOVIC, Danilo *et al*. "À quoi bon praxis?" *Praxis*, vol. 1, nº 1, 1965.

PUTNAM, Hilary. *Jewish Philosophy as a Guide to Life*. Bloomington: Indiana University Press, 2008.

RAVITZKY, Aviezer. "La pensée halakhique a-t-elle développé la notion de 'guerre interdite?'" *Guerre et paix dans le judaïsme*, nº 36, 2004.

RICKERT, Heinrich. *Die Philosophie des Lebens, Darstellung und Kritik der philosophischen Modeströmungen unserer Zeit*. Tübingen: Mohr, 1920.

ROSENZWEIG, Franz. "Cänna und Gorlice". *In*: _____. *Gesammelte Schriften III*: Zweistromland. Dordrecht: Martinus Nijhoff Publishers, 1984.

_____. *Das Büchlein vom gesunden und kranken Menschenverstand*. Düsseldorf: Joseph Melzer Verlag, 1964.

_____. *Das Büchlein vom gesunden und kranken Menschenverstand*. Frankfurt am Main: Suhrkamp, 2019.

_____. *Der Mensch und sein Werk*. Gesammelte Schriften IV: Sprachdenken im übersetzen. 2. Band. Sprachdenken – Die Schrift. Dordrecht: Martinus Nijhoff, 1964.

_____. *Der Stern der Erlösung*. Frankfurt am Main: Suhrkamp, 1996.

_____. *Die Gritli-Briefe*: Briefe an Margrit Rosenstock-Hussey. Tübingen: Bilam Verlag, 2002.

_____. *Fünfundneunzig Hymnen und Gedichte*. Gesammelte Schriften IV.I. Boston: Martinus Nijhoff Publishers, 1983.

_____. *Gesammelte Schriften I*: Briefe und Tagebücher. Den Haag: Martinus Nijhoff, 1979.

_____. *Gesammelte Schriften II: Briefe und Tagebücher* (1918–1929). Den Haag: Martinus Nijhoff, 1979.

_____. *Gesammelte Schriften III*: Zweistromland. Dordrecht: Martinus Nijhoff Publishers, 1984.

_____. *Globus*: per una teoria storico-universale dello spazio. Trad. S. Carretti. Genova: Marietti 2007.

_____. *Hegel und der Staat*. Aalen: Scientia Verlag, 1962.

_____. *Hegel und der Staat*. Frankfurt am Main: Suhrkamp, 2010.

SCHECHTER, Solomon. *Aspects of Rabbinic Theology*. Nova York: Schoken Books, [1909] 1961.

SCHMITT, Carl. *Un giurista davanti a se stesso*. Vicenza: Neri Pozza, 2005.

SCHOLEM, Gershom. *Le Zohar*. Paris: Verdier, 1981.

SCHOLEM, G. *Tagebücher*: 1913-1917. Frankfurt am Main: Jüdischer Verlag, 1995.

SCHOLEM, Gershom. "Der Bolschewismus". *In*: _____. *Tagebücher*: 1913-1917. Frankfurt am Main: Jüdischer Verlag, 1995.

_____. "Im Gespräch über Walter Benjamin". *Sinn und Form*, nº 4, 2007.

SILVERSTEIN, Arthur M. *A history of immunology*. Londres: Academic Press, Inc., 1989.

SNIJDERS, L. A. *The meaning of zar in the Old Testament*. Leiden: Brill, 1953.

SOLOMON, Norman. "The Ethics of War: Judaism". *In*: SORABJI, Richard; RODIN, David (Coord.). *The Ethics of War*: Shared Problems in Different Traditions. Burlington: Ashgate, 2006.

TOTI, Daniela. *Franz Rosenzweig*: possibilità di una fondazione della nuova filosofia nella storia. Roma: Gregoriana, 2000.

UNGER, Erich. *Politik und Metaphysik*. Würzburg: Konigshausen und Neumann, 1989.

WALZER Michael. "War and Peace in the Jewish Tradition". *In*: NARDIN, T. (Coord.). *The Ethics of War and Peace*. Princeton: Princeton Un. Press, 1996.

______. “The Idea of Holy War in Ancient Israel”. *Journal of Religious Ethics*, vol. 20, nº 2, 1992.

______. “War and Peace in the Jewish Tradition”. *In*: NARDIN, Terry (Coord.). *The Ethics of War and Peace*: Religious and secular perspectives. Princeton: Princeton University Press, 1996.

______. *Exodus and Revolution*. Nova York: Basic Books, 1985.

ZIZEK, Slavoj. “The well-known fiasco of Levinas”. *In*: ______. *Organs without Bodies*. Londres: Routledge, 2003.

ÍNDICE ONOMÁSTICO

A Editora Contracorrente se preocupa com todos os detalhes de suas obras! Aos curiosos, informamos que este livro foi impresso no mês de junho de 2024, em papel Polén Soft Natural 80g.